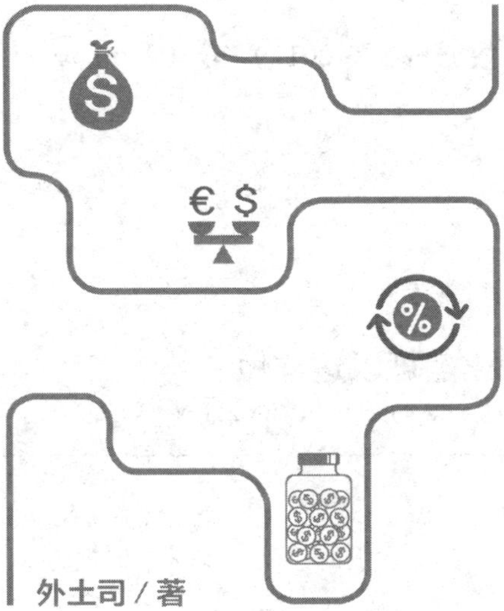

外士司 / 著

向外士司学外贸①

业务可以这样做

中国海关出版社有限公司
· 北京 ·

图书在版编目（CIP）数据

向外土司学外贸. 1，业务可以这样做 / 外土司著
. —北京：中国海关出版社，2018. 2
ISBN 978-7-5175-0248-7

Ⅰ. ①向…　Ⅱ. ①外…　Ⅲ. ①对外贸易 – 基本知识
Ⅳ. ①F75

中国版本图书馆 CIP 数据核字（2017）第 302750 号

向外土司学外贸 1：业务可以这样做
XIANG WAITUSI XUE WAIMAO 1：YEWU KEYI ZHEYANG ZUO

作　　者：外土司
策划编辑：郭　坤
责任编辑：郭　坤
责任监制：王岫岩　赵　宇
出版发行：中国海关出版社有限公司
社　　址：北京市朝阳区东四环南路甲 1 号　　邮政编码：100023
网　　址：www. hgcbs. com. cn；www. hgbookvip. com
编 辑 部：01065194242 – 7585（电话）　　01065194234（传真）
发 行 部：01065194221/38/46/27（电话）　　01065194233（传真）
社办书店：01065195616/5127（电话/传真）　　01065194262/63（邮购电话）
印　　刷：北京新华印刷有限公司　　经　　销：新华书店
开　　本：710mm × 1000mm　1/16
印　　张：14　　字　　数：207 千字
版　　次：2018 年 2 月第 1 版
印　　次：2022 年 1 月第 8 次印刷
书　　号：ISBN 978-7-5175-0248-7
定　　价：55. 00 元

前言

PREFACE

2015 年 11 月，我收到中国海关出版社郭坤编辑的微信留言，问我有没有兴趣出一本书，一本关于外贸的书，以此把自己十几年的外贸经验分享给更多的人。当时，我刚在个人微信公众号上分享了第 20 篇文章，粉丝刚刚过了 1 万。我觉得时机尚不成熟，于是，拒绝了。

一转眼，一年多的时间过去了。我的微信公众号上分享的关于外贸的原创文章 1 300 多篇，累计阅读量超过了 8 000 万，公众号上的外贸粉丝也超过了 20 万，一跃成了中国最大的外贸公众分享平台之一，得到了很多土友（外土司的“粉丝”们，本书中统称“土友”）的认可。

2017 年 5 月 25 日我开启了三门线下培训课：“新外贸业务冠军”“社交营销冠军”“新阿里巴巴运营冠军”，在短短的半年时间里，我在全国连开了 20 场培训，场场爆满，也创造了中国外贸史上的记录。这里要感谢每一个土友的关注和认可。你们的支持和鼓励，是我一直分享的动力。

期间，郭坤编辑也一直在关注我，并不时地给我一些出书的建议和鼓励，希望我能把精华的文章和经验进行整理和分享，让更多的外贸人学习和受益。多亏了她的坚持，让我下定决心来出这两本书：《向外土司学外贸 1：业务可以这样做》《向外土司学外贸 2：营销可以这样做》。两本书为姊妹篇，《向外土司学外贸 1：业务可以这样做》主要介绍外贸行业入行必备素养，以及外贸业务实操过程中成交客户的独家技巧；《向外土司学外贸 2：营销可以这样做》主要介绍传统的展会营销，以及当下热门的社交媒体营销、谷歌 SEO 和阿里巴巴的运营。广大读者可以根据自己的需要进行阅读学习。

这两本书记录了我十几年外贸生涯积累的经验，这些经历让我从万千外贸业务员的竞争中脱颖而出，实现财务自由。如果你打算从事外贸或跨境电商行业，或者你正在从事外贸或跨境电商行业，建议你一定要读一读这两本书，它们一定不会让你失望。

它们与之前的任何外贸书籍都不同，呈现了不同的外贸思维方式，不同的外贸技巧和方法，不同的外贸实战案例，不同的有趣而又成功的外贸故事，最重要的是，一个如此与众不同的做外贸的我，还有一个，即将变成如此不同的做外贸的你。

《向外土司学外贸 1：业务可以这样做》是一本专业、实用且有趣的书。从做外贸的基本要求，到做外贸要了解的事；从询盘分析和邮件回复，到客户开发和管理；从客户维护和跟进，到客户的拜访和谈判，等等，所有的经验和故事，我都以轻松而独特的方式娓娓道来。

所以，请静下来，慢慢地读，就像对待一个老朋友一般，就像读一本有趣的小说一般，就像听一首温婉的歌曲一般享受这些文字，你也一定会大有收获。

有时间，就看我的书；有问题，就给我的个人微信留言。

相信我，不会错。

我是外土司。

爱外贸，做自己！

2017 年 12 月 19 日于宁波

目录

CONTENTS

第十一章 外贸人工作须知

第十二章 怎么做一名合格的老板

第一章

外贸人的基本要求

Part 1 外贸业务员的基本要求

在过去的几年时间里，无论是国际贸易形势，还是国内商业环境，都发生了很多变化。在这期间，不管是从一个业务员的角度，还是从带领一个业务团队、管理一家公司的老板的角度，我都有了很多新的感悟和理解。

做业务，需要适应一些新的变化，但一些基本要求是一定要达到的。因为，竞争依旧惨烈；因为，时间不会等你；因为，机会稍纵即逝。

一、拥抱变化

拥抱变化依旧是第一位的。

以往我跟大家说要“勇敢改变”，但是在如今的外贸形势下，我发现这个做起来很难。因为没有多少人愿意主动改变自己，这个过程实在是太痛苦了。而且，改变的过程很容易让人产生迷茫。既然，你无法主动改变自己，那么请一定要拥抱变化！

世界在变，商业在变，外贸在变，它没有等你，也不等任何人。

首先，全球化的趋势正在受到各国贸易保护主义的剧烈挑战。

其次，国内的商业环境也在经历大波浪式的变化。凡是经受过2016年第四季度原材料价格和供求关系变化折磨的人，一定不会忘记那种痛苦。但是，如果你拉出近十年来的价格趋势图看，你会发现原材料价格即使再涨一倍也很正常。那时候，你要怎么办？

再次，货币战争愈演愈烈，汇率大幅波动，外汇管制越来越严，各国政策层出不穷，风险急剧上升。

最后，竞争模式也在不断演化。你不去展会，你不做平台，你也不做谷歌SEO，可能就会被其他企业淘汰掉，你可不要不信。

此外，还有科技创新，你忘记了吗？智能化、无人化、新的生产方式、新材料的使用，等等。明天我们的产品和行业被替代的可能性正在逐步加大。所以，你不要因为固执、懒惰、习惯、已经取得的业绩，或者你的年龄，而不愿拥抱变化，因为，再不变你就要被时代淘汰了，再也无法在外贸领域中占据一席之地。

当然，拥抱变化，不是要你丢弃过去，好的方法、技巧、思路都是要一直保留的，拥抱变化，只是要你适应未来，适度地调整自己的心态，随着新形势完善过去的技能。

二、坚持

拥抱变化需要坚持。有些人今天说要改变，结果过了两天觉得改变太慢就又退回老样子了，这样完全无济于事。做销售尤其需要坚持，很多客户不是一次两次就可以谈下的。有时候是时机不好，有时候是优势不够，有时候是运气不佳，需要你持续跟踪，不断地谈判才有可能拿下客户。如果你还没有努力就放弃了，那就意味着你一点机会都没有。唯有坚持，才能提高成功的概率。

学习需要坚持。三天打鱼两天晒网的人是不可能成为顶级渔夫的。那些英文说得很顺畅的人，一定是长期坚持学习的结果。好习惯更需要坚持，好多人喊着要早起，可是早起的还是少数人；好多人喊着要跑步，可是坚持跑步的还是那几个人；好多人说不能再熬夜，可是半夜朋友圈一发，点赞的十几个。要养成一个好习惯，坚持是根本！

做外贸，需要坚持。要坚持保有信心，遇到挫折不要放弃；要坚持保有初心，不骄不躁不气馁；要坚持去努力，简单的工作重复做。坚持让一切都有了可能，它是失败的杀手锏，是成功的垫脚石。

三、持续学习

学习有多重要，就不用多说了。这里，我要说的是“持续学习”。会学习的人太多了，但是会持续学习的人很少。知识也好，技能也好，智力也好，不经常练练都是会老化的。老化就意味着落伍，落伍就意味着不能胜任，不能胜任就意味着淘汰。

等到你发现自己跟不上行业形势和节奏的时候，真的就太晚了。

现在六七十岁的老人都在学习玩微信了；车间里的工人都在学习如何操作机器人；小孩子们都可以流利地说英文了。而你，一个外贸人，一个和世界连通的人，却满足于现有的知识结构和技能，未来你还有饭吃吗？如果说全中国最需要与时俱进的人是谁的话，那就应该说是我们这帮做外贸的人，我们不与世界同步，世界就会抛弃我们。

持续学习，就是和时代同步。

持续学习，就是让未来的自己变得更好。

四、执行到底

为什么说执行到底很重要？因为，现在外贸行业觉得自己厉害的人实在太多了。因为厉害，就觉得自己是王。结果，一个山头处处是王，每个人都不愿意干琐碎的小事，最后，所有人都饿死了。

可能做过管理的人更有切身体会。我打个比方吧，读书的时候我们的父母总是天天唠叨要我们好好学习，可是我们从来都不听，反而很抗拒。等到工作若干年后，我们才发觉真应该听父母的话。为什么会出现这些问题，就是执行力不够，他们为我们好，结果我们只觉得他们唠叨。

再举个正面的例子，我们都觉得华为很厉害，阿里巴巴很棒，顺丰也是成功典范，但归根结底这些公司哪里厉害，为什么厉害？因为他们团队的执行力超群。

什么样的团队战斗力最强？部队！指挥官一下命令，所有的士兵立即行动，整齐划一，执行力极强，这样的队伍，干什么事情效率都会非常高，其达到的效果也极其惊人。

工作中，你一定要成为执行到底的人。绝对的执行，才能创造绝对的奇迹。

五、团队合作

团队合作，我不愿意多说，因为它是常识。别再说你一个人可以承担所有的工作。你真做不到，即使你能做到，别人家公司的一群人也能竞争过你，毕竟三个臭皮匠还能赛过诸葛亮呢。

人类是群体动物，自始至终都讲究协作。协作捕猎，协作养育孩子，再后来协作作战，协作制造，协作创新，协作贸易，等等。几千年都是这么过来的，你现在跟我说你协作不了，你跟这个人不和，那个人得罪过你，这个人你不喜欢，那个人你不服气。大家井水不犯河水，互不往来，你这就是自取灭亡。

团队合作，才能发挥你最大的能量。

团队合作，才能让你走得更远。

六、外语熟练

很多外贸高手都说过，我也说过，外语水平不是外贸做得好坏的决定性因素，外语不好的人外贸做得好的比比皆是，但是今天我想要说的是，这是一个旧观点了，你最好把它扔到垃圾桶里去。

做外贸，外语听说读写不熟练过去混混还可以，现在真的不行了。因为过去做外贸的门槛的确比较低，竞争也不那么充分，粥多僧少。可那些都是过去，代表不了将来。外语说得好，又聪明，又勤奋，又肯坚持的人越来越多了，如果你的英语不好，而这类人的其他技能都和你旗鼓相当，你觉得客户会乐意与你这样一个打个电话听得半分懂，见面只能聊两句客套话，发个邮件还语法不通的人合作，还是找那个外语熟练的人沟通？

如果你的外语还不熟练就抓紧补吧。

外语熟练，是一个基本配置。

Part 2 做外贸英语多好才可以

土友提问：

土友："外土司你好，今天发生了一件让人很难过的事情。我搞错了一万多元的产品价格。总觉得自己不够细心也不够有能力，英语方面也有些吃力。可是，我喜欢这一行才进来的，结果现在变成这样子，有些难过！而且，对于一个新人来讲，一万多元是挺大的一个数字。我犹豫了，这样的我，是否真的不适合做外贸？想跟你取取经。"

成长难免有犯错的时候。

我给她回了一句："吃一堑长一智，下次注意。"土友说："我还是有些不安心。在这一行，英语需要多好才能支撑?"

我回："今天比昨天好就可以。"

其实，我每天都会收到这样的询问。很多人都会问自己这个问题，刚开始做外贸的时候，我也是这样。到现在，每次接待完国外客户，我也会这样觉得。为什么我的英语不够好；为什么我的口语不够好；为什么我的听力不够好；为什么当初没好好学习；我这个水平，客户会满意吗，能拿下订单吗，真的适合做外贸吗？然后心情跌落到谷底，自责到不行，特别想放弃。

做外贸英语要多好才可以？是四级，是六级，还是专业八级，还是要中级口译，有没有标准的答案。

我之前遇到过一个广东东莞的公司老总，高中毕业，年纪和我差不多。他 2000 年开始做外贸，从小作坊起家，现在已成为集团公司的老板，下面有四家工厂，一家贸易公司，身家过五亿。那时候我陪客户看这个老板的公司在纽伦堡的展位，这个老板说出一口流利的英文，惊得我这个翻译嘴都不敢开。闲聊的时候我问他，他英文怎么这么好。他说，不懂就学呗。从 2000 年开始，从只认识 ABC，一直学到现在。目前整个公司里，不是业务部的业务员英语最好，也不是市场部的留学生口语最好，而是他这个公司老板英语最好。

看来做外贸有 ABC 的基础就可以。

之前，我还遇到一个小姑娘，她一定要给我们公司投简历。我瞄了一眼她的简历，上面的学历是初中。我就问她，英语好吗？她说，不太好，但是基本可以和老外正常交流。我问她，她现在哪里。她说，她在泰国普吉岛当营业员，一边赚钱一边学英语。她到那里已经两年多了，从开始只会几个单词，到现在可以流利沟通了。她打算再待一年，然后就回国找份外贸业务员的工作。

看来做外贸初中毕业就可以。

有人会问我，“土司，你英语几级？”。这个问题我要诚实地回答。和很多老板一样，我是没级的。所以，毕业后，我就找了家不要求英语等级的小公司做业务。工作期间忙忙碌碌，以实战为教材，一步步走到现在。

你问我做外贸英语要多好，有什么标准，我还真说不上来。

英文不好，外贸做得好的人比比皆是；英文好的，外贸做得一塌糊涂的人也比比皆是。我当然不是鼓励大家不要重视英语。只是说，做外贸，做销售，不但要考验专业能力，更要考验综合能力，而英语水平的高低，只是其中的一项。你英语水平高，当然更有竞争力，你英语水平低，也不等于没机会。

从英语学习的角度来说，什么方法最好，我也说不上来。有人说背单词，有人说找人聊天，有人说去培训，有人说看美剧，有人说工作中学习。方法和途径很多，每一个都有道理。但是，如果用一句话来概括，我还是想说，今天比昨天好就可以。

只要你每天坚持学习一点，进步一点，日积月累，自然水到渠成。

Part 3 给你看看老外贸人是怎么工作的

这一节要分享的主题是：老外贸人是怎么做外贸的。大家仔细看仔细学，千万不要错过细节。因为，老外贸人最大的优势就是细节。

我们先看看一些老外贸人的留言。

Angie：

我是做外贸十几年的人，我总结了一下，自己已经在完美主义、细节要求这条路上走了很远了。

比方说，我写邮件一定会仔细看看客户的原邮件，然后回复邮件的时候跟客户的邮件字体、大小保持一样，尽可能让客户看起来协调舒服。

所有的邮件处理后一定都是分类存档，没有处理的或正在处理的邮件全部都有不同的颜色标识，以清楚知道待办事项的轻重缓急。

电脑的所有文件全部都是按照我自己整理的一定规则来存档的，且格式全部统一。这样再多的客户再多的资料我都能很快找到，因为我根本就不需要再花时间去想文件存在哪儿，等等。

以前我还总怀疑自己有没有必要这样做，因为身边的人基本都不这样，甚至有一任老板说我浪费时间，可是习惯使然，我想改都改不了。话说回来，这样的习惯真的会让我思维严谨、逻辑性强，记忆力也比一般人好。

选我所爱：

我也是完美主义者，邮件喜欢标已读，讲究对称，比如抬头字体全部设为华文行楷15号，正文字体为宋体11号，表格边框外粗内虚线，等等。

Ida：

记得最开始工作的时候，老板因为一个逗号说一个同事，我不知道心里有多赞同。

这位老板有一句特别经典的话："你可以不聪明，但一定要细心。"

细心是一个人的习惯，一个人的态度，习惯决定性格，性格决定命运。

看完了上面这些"患者"自述，接下来我说一下我自己。因为，我也是一个重度强迫完美症患者，下面几种情况是我完全无法忍受的。

（1）看到别人电脑桌面杂乱。

（2）看到有人同时打开一排浏览器页面。有一次，我去和技术员讨论一个项目。然后，我就看到她电脑底下一排开着的浏览器页面。我说这么多页面开着，不卡吗？她说，不卡啊。我问她这些网页都要用到吗？她说是啊。然后我们就开始讨论工作。

我说看下客户的图纸，她点了4个页面，花了5秒。我说看下竞争对手的图纸和图片，她点了7个页面，花了8秒。我说再看下原来那个图纸，这次又点了6个页面才找到，花了7秒。

与其花那么多时间在无休止的寻寻觅觅上，为什么不把暂时不用的页面关掉呢？

（3）写邮件标点符号、空格缺失，左右不对齐等格式不统一，我也受不了。

（4）文件不归类，找资料困难。所有的文件都要分类和统一命名，必须秒找。什么叫秒找？就是任何一个东西，文档也好，图片也好，你可以在数秒内找到。常用的1~2秒，不常用的3~5秒。手头在做的1~2秒，没在手头做的3~5秒。寻找电脑里任何一个文件的最长时间，不超过6秒。

如果哪一天找个东西超过时间了，那就意味着你要重新整理一次电脑，重新优化。

老外贸人类似这样的"病症"还有许多许多。比如，接待客户一定要有计划和流程；阿里巴巴运营一定要有多个表格；社交网络必须定时定期维护，等等。

Part 4 做外贸就像坐过山车，心脏不好的人别做

一、客户出尔反尔，业务员应接不暇

之前，我收到过一个土友吐槽，他说最近碰到几个客户，说好了要Paypal（贝宝）打过来样品费，现在不理他了；还有几个客户说一周内确定订单，也下不了了；另一个前期联系了很久的法国客户，也说现在不感兴趣；之前一直说要便宜点的客户，我申请了好几次终于接受了他的目标价，现在他又说不买了；还有几个客户说没钱买。一天连续接到这么多的坏消息，他真的很崩溃。

遇到这样的客户确实会让人特别气愤，明明和人家说好了付钱，一转身就忘了；明明说好了确认订单，结果又不下了；更气人的是你好不容易说服老板给他申请了一个亏本价，他又说不买了，这让你以后怎么去见老板，怎么再为其他客户争取折扣。

可是，抱怨完全无济于事，只能稍微疏解一下心中的抑郁。

二、货备好了，客户不付款

还有一个土友，和客户确认了订单，客户说让她先安排下去，他马上付款。业务员安排下去后，等了一天又一天，等了一周又一周，可是客户的钱就是没到。她心急如焚，邮件、电话，轮番轰炸。客户的回复都是已经在安排了。货马上就备好了，钱还没到，她急得想哭。她问我怎么办？其实，我也不知道。

三、货物到港，客户不提货

还有个客户，定金付了，可是货到港了，他一直不提货。一周过去了，一个月过去了，又一个月过去了，业务员天天催，没日没夜地催，可是他就是不去提货。

货物在港口放久了要产生滞港费，如果产生了这笔费用谁负担呢？

你说让客户负担，到时候客户又说不同意。可是，这是业务员的责任吗？

客户明明知道，业务员最怕他不清关，然后他还这么干，最后，他可能还要求退货。

滞港费不应该业务员付，退货业务员也不想要，打折业务员更不愿意，算来算去都是业务员的损失。

四、客户收到货后对产品质量不满

还有个客户，收到货了，说产品质量不好。业务员最怕客户说质量不好，这种情况下，客户很可能不再下订单了。

业务员开发一个稳定的客户太难、太累，熬了无数个夜晚，发了无数封开发信，才找到一个。

结果，客户一句产品质量不好，可能就让业务员的努力付诸东流。

五、担惊受怕，惶恐不安的业务员

做外贸真的很累。天天开发客户，收到一个询盘，怕价格报高了。寄了一个样品，怕运费贵了，怕包装破了，怕测试没过。下了一个订单，怕自己的付款方式不好，怕交期不准，怕船期赶不上，怕单据出错，怕余款收不到。货物到港了，怕客户不清关，怕客户要退货，怕客户要挟打折。客户收到货了，怕他对质量不满意，怕客户不续单。客户没续单，怕客户对价格不满意，对服务不满意，对质量不满意，怕客户被竞争对手挖走。客户下单了，从头到脚又重新怕一遍。

做外贸真的很费心，就像坐过山车一样，没上去的时候很期待，上去了却发现太刺激，想下下不来，只能往前冲。

劝君一句，做外贸就像坐过山车，心脏不好的不要做！

第二章

你适合做外贸吗

Part 1 这些年，为什么我要做外贸

经常有土友问我："土司，为什么你选择做外贸啊？"每一次，我都脑子短暂空白，扪心自问为什么我会选择做外贸？为什么我不去做点别的呢？比如说卖楼、卖车，我一头钻进去卖个十二年，到现在也发财了呀。为什么我要做外贸呢？

一、做外贸是因为没有选择

人生真没那么多选择可选。我出生于一个普通的家庭，家里没有大产业让我继承，也没有雄厚的资本让我挥霍，更没有八面玲珑的关系网，给我谋取一份好差事。所以，我的选择和机会没有那么多。

上大学的时候，我相信很多人和我一样，选的外语和国际贸易专业，学了英语、日语、俄语，国际贸易概论、国际金融、通关实务等。考了四六级证、报关员证、外销员证、电脑操作员证等。结果毕业了拿到外面一看，什么用也没有，一切都要从头学起。

可是读这些专业，不做外贸还能做什么呢？

二、外贸是适合普通人的行业

外贸行业包容度大，不管你什么文凭，是研究生还是本科，是专科还是高中，哪怕是初中，只要你胆量够都有去处；不管你外语有多好，是有级还是没级，是四级还是六级，是能说还是不能说，只要你敢来都有人要；不管你学什么专业，是机械还是电子，是旅游还是管理，是贸易还是非贸易，只要你想做都有机会；不管你什么长相，是胖的还是瘦的，是丑的还是美的，是高的还是矮的，只要你敢拼就可能发财。

这些年，我真见过太多神奇的外贸怪才。小学没毕业的工厂老板，身家一个亿；长得完全不符合国人审美观的小妹，被高大帅气的德国人给娶了；在车间里调机床四级都没过的小哥，做成了集团国际销售副总裁；娇小、斯文的戴眼镜妹子，一年销售额六千万元人民币，开着辆宝马Z4。

你说，这样包容的行业，全中国你到哪里去找？

三、做外贸是挺有面子的

说实话，我做外贸还是有点自豪感的。

刚开始做外贸的时候，回到老家，亲戚、邻居、同学就问："你现在在外面做什么工作啊？"我说做外贸。不懂的人接着问，外贸是什么啊，我说就是和老外做生意。人家立马露出一副羡慕的表情，说："和老外做生意，那肯定要讲英语的，厉害呢！"

虽然，那时我还拿着每月 500 块钱的工资，一毛钱的业绩也没做出来，也没见过一个老外，没说过一句 hello。可是呢，自信心和虚荣心已经从老娘和众人的眼神里得到满足了，我怎么能不好好干呢？

等到后来我真的见到老外了，把老外带到厂里，走在路上，虽然心里还是很慌张，怕蹩脚的英语会说错，但还是觉得挺有面子的。等到去参展了，不管是国内还是国外，拍拍照、晒晒图，同学聚会聊起来，都说："你去过美国了呀？""香港真漂亮啊！"

这种虚荣心被满足的感觉，是做其他职业很难体会到的。

四、做外贸还是有"钱"途的

这些年，做外贸相对还是比较有"钱"途的。

为什么这么说，因为改革开放的三十多年，外贸就是最大的风口。你去找找，在中国还有比这更大的风口，更大的机会吗？只要搭上这股风，多少还是能赚点美元的。这三十多年来，你看看有多少人因外贸发家致富，它惠及了多少人？可以毫不夸张地说，中国的制造业就是从外贸开始发展起来，强大起来的，以前是，现在也还是。

当然，房地产也是个很大的风口，但是你要看看有多少人能踩到房地产这个风口里去，它的门槛是很高的，你没原始资本怎么炒房？而外贸是惠及绝大多数人的。

现在，做外贸的确没有以前那么有"钱"途也是事实，因为风口过了。但是，它也不是大家想象的那么差。优胜劣汰在哪个行业都有，不仅仅在外贸。做得好的人生意照样好，做得不好的人也还在撑着，只有一部分不好好做实业的人创业失败了。这不是制造业的问题，也不是外贸的问题，而是人的问题。

Part 2 做业务是男的好还是女的好

关于什么人适合做外贸，我想很多人都有过不同程度的思考，但是，前一段时间我收到了一个“粉丝”特别有意思的几个问题，让人忍俊不禁，同时，笑完后还能发现很多值得深思的地方。

大家先来看看这个有意思的问题。

土友提问：

Jackie：“土司，我有个心结没打开。我是个男生，做外贸是不是没希望啊？麻烦您抽时间回复一下，谢谢。”

我：“男人更有优势啊。”

Jackie：“为什么这么说呢?”

我：“女人生了孩子就没那么多精力了，要顾家庭、顾孩子。”

Jackie：“但客户更喜欢和女人谈业务。”

我：“谁说的，我也是男的啊。”

Jackie：“真的啊，我用女人名字谈了个单子。”

我：“无语……”

Jackie：“用男生名字一个没谈成。”

Jackie：“可能客户感觉女的更有亲和力吧。”

我：“都各有优势啦。”

Jackie：“我现在有两个号，名字一男一女。”

Jackie：“用女的号的时候说话比较随心。”

Jackie：“男的就不行了，要顾及颜面。”

Jackie：“也可能是我方法不对吧，也有男外贸业务员做得厉害的。”

我：“你想得太多了。”

Jackie：“现在觉得成单太慢了，好几个客户都是白忙活。”

我：“外贸就是这样，看产品、看价格。”

Jackie：“嗯，客户不回邮件，怎么处理好呢？不能白等吧，需要打电话过去吗？”

我：“打。”

Jackie：“一打我不就露馅了？（流汗）”

我：“晕，对哦。”

这是一段真实的对话，也是个现实的问题，而且可以说很多人做着做着外贸会有这样的疑问，对于这个问题，我个人的观点是各有优势。

一、男人做业务的优势是学得快

这些年我接触了很多业务员，也面试了很多业务员，较为普遍的情况是男人做业务相对于女业务员学得更快，接受度更高，特别是在产品端和市场端。

业务要做得好，不光是要掌握和客户打交道的技巧，最重要的是对产品了解，对市场理解。很多行业的产品都涉及机械构造、电子控制、加工工艺、生产流程、设备检测，乃至管理体系，等等。

这些理论和技术层面的信息很抽象，对于女人来说接受起来更困难。做久了背背是没问题的，但如果要理解那就很难了。女人多选文科也是这个道理。而男人对于这些机械、技术和市场宏观方面的理解天生就有优势，对概念化和逻辑性的信息接受起来更快，所以学起来就更精。我曾经拜访过多家大公司，他们的市场和业务开发部门清一色是男人，而客户维护和跟单部门清一色是女人。

二、女人做业务的优势是够细心

细心、有爱心、够坚韧是女人天生拥有的竞争力，这些素质男人是怎么学都学不会的。

男人们都喜欢抓大放小，这一点从日常聊天中就可以很明显地看出来，男人一扎堆就吹牛天下大事，不是政治，就是经济，不是经济，就是历史，要么就是游戏，扯的都是些没用的。而女人聊天就不一样，要么生活，要么情感，要么家庭，要么孩子，这些细微的事情，更贴近她们自己的生活和需要。这些差异化也直接体现在工作上，女人做起工作来更细心，更注重细节，更容易专注和认真。

女人还有个优势是有爱心，并且够坚韧。

男人容易放弃，追求目标更直截了当，看不到希望就走了。而女人则不同，女人更重情感，更具爱心，所以很多时候可以隐忍，哪怕目标渺茫，哪怕看不到前景，也会选择留在原地，继续努力。稳定性对于企业来说很重要，而坚韧则是成功不可缺少的元素。

所以，我们看到做外贸的企业里女孩子更多，因为外贸整个流程相对于内贸更复杂，更需要细心和专注。而企业更需要稳定的团队和员工，所以要想成功，不管是个人还是企业，坚韧不可或缺。

三、男人做业务的劣势是短期压力大

男人的人生在短期来看，要承受的压力更大，这不仅仅是在中国，在全球都是一样。

男人从毕业一踏入社会开始工作，就要面对和考虑生存和成功的问题。这里不仅仅是指要面对现在，更重要的是考虑将来。他们要买车、买房，要建立家庭、抚养孩子，还要赡养老人，还想要更好的未来。而想要实现这些人生目标，获得他人尊重，他们就得去拼，而且是越早有成就越好。

四、女人做业务的劣势是长期压力大

女人的人生短期来看承受的压力不大，但从长远看，才发现压力比男人要大。这也不仅仅是在中国，在全球都是一样。

一开始女人们对成功没有特别的定义，也没有量化的目标，对于生活和成功的急迫性并没有那么高。所以，她们做业务也好，做其他工作也好，稳定性更好，因为她们没有急迫要解决的问题，如果有，那么就是找个自己中意的男人。

但是放长远来看，女人面对的压力会逐步变大，这里从家庭和身体两方面来看。女人从开始恋爱到结婚、生孩子、养孩子、照顾家庭、养老人，这一连串的人生任务清单会占用她们数十年的光阴，而且相对于男人只专注成功这一个目标，女人们的工作内容和挑战可是要复杂多了，这里还未包含工作和事业。而且，随着年龄的增大，女人自身的体力和精力会下降得比男人快，我们常看到女人比男人要早熟，但是也要看到女人比男人要早衰老。一方面，女人要不断付出精力面对生活中的问题，另一方面，自身的体力和精力又开始下降，可想而知女性的压力值会一直处于爆表的数值，迫使她们在事业和工作中进行取舍和平衡。

五、男人做业务既是优势又是劣势的是太过直接和强势

男人在和客户沟通交流的时候更直接，也更强势，更倾向于解决问题。

如果遇到客户也是男人的时候，双方直奔主题，顺利的话，很快就可以成交，效率很高，这是优势。但是，如果遇到分歧的话，双方更倾向于对方先让步，就容易陷入僵局，或者错失机会。这种直接解决问题的惯性思维，缺少灵活度和弹性，这是劣势。如果遇到客户是女的，男人则在谈判和沟通的时候感觉使不上力，或者陷入被动，因为男人对女人有天生的弱势思维惯性，太强势会觉得不好意思，弱势了自己的利益又无法保证。

六、女人做业务既是优势又是劣势的是太过柔和，抓不住矛盾点

女人和男人不同，男人习惯解决问题，就事论事。而女人习惯面对人，由人及事。

如果遇到客户是男人的时候，即使事情或条件没有那么有优势，女人也还是有空间进行缓和和争取，因为在男人眼里女人是弱势群体，适当的退步和妥协是他的一种自我肯定，这是女人的优势。但是如前面说的，女人的逻辑思维和把控全局能力要弱一些，这就意味着有些关键的点和机会会错失，这是劣势。

另外的一个优势是，女人天生对男人有吸引力，这点没有办法，谁叫负责采购的大多是男人呢。当然，后遗症是你可能也会招来一些“苍蝇”。

现在我们就能大体上明白男人做销售业务和女人的区别了。

男人上手更快，但面对的短期压力较大，短期的不稳定因素会多一些，

但如果给予他们更多的机会和正确的引导，一旦渡过这个阶段，后续的发展会很好。

女人做事细腻，短期的压力不大，工作稳定性很好。只是往后家庭的压力会变大，精力会减少，这个时候就要从提高工作效率入手。同时，公司也要做好相应调整，让其顺利渡过最困难的阶段，这对于公司团队的稳定十分重要。

当然，不管是男人，还是女人，每个人的情况、机遇、能力和性格不尽相同，这里面没有绝对值。男人有销售做得好的，也有做得差的；女人有做得一般的，也有做得很棒的，关键还是要尽可能发挥自己的优势和特长，找到适合自己发展的平台和产品，那么成功就不会远了。

最后，我想说，遇到懂你的伯乐很重要，用人用人，人家怎么用你，把你用好，决定了你成功的一半。

Part 3 工厂好，还是贸易公司好

土友提问：

土友："土司，我今天面试了两家公司，一家是工厂，做五金橱柜的，一家是贸易公司，做礼品杂货的，给的待遇都差不多。

现在我好纠结啊，不知道去哪家好。去工厂吧，怕学到的东西太少。去贸易公司吧，怕产品价格没优势，以后做业务困难，你说怎么办?"

经常有人问我，做外贸是去工厂好，还是贸易公司好。这个问题真是个让人头疼的问题。就好比人家问你，是男人好还是女人好，是被爱好还是爱人好，这些问题几乎都没有标准答案。我想说一句，你喜欢就好。

不过理一理，工厂和贸易公司还是各有优劣的。我们来比较下。

一、工厂的优势之一它是工厂

为什么说它是工厂就是优势呢，因为现在的客户就是要找工厂。

其实以前的客户也是一样，谁不喜欢产地直销呢，产品价格实惠，人还踏实，只不过那时客户信息获取渠道不流畅没办法找到生产商，就只好找批发商。

现在好了，信息爆发式增长，上网一查，展会一逛，全是工厂，随便客户挑。

客户喜欢是很重要的一个因素，因为喜欢就等于相信，所以说，工厂本身就是优势。

二、工厂有价格优势

这个就不用说了，同样的产品工厂肯定比拿货的贸易商价格有竞争力。

贸易公司要敢和工厂拼价格，工厂可以拼的只赚微薄的利润，贸易公司行吗？它不行，工厂拼到只有微薄的利润时，贸易公司已经没利润、白搭人工费用了。

之前有个土友跟我说，他们工厂的货主要卖给一家贸易公司，然后在展会上他们和那个贸易公司碰到同一个客户，结果贸易公司直接落败了，客户给的反馈是价格太高。

三、工厂有非常重要的技术支持

有些行业做销售是一定要技术支持的，而这一点工厂有得天独厚的优势。

贸易公司对技术再怎么熟悉，也不够精通，就算他们员工原本是相关专业出身，长时间离开了设备，离开了现场，离开了实践，他也不能谈专业。何况贸易公司养不了这么多技术人员。

四、工厂有更好的客户积累

相对贸易公司，工厂更容易积累客户资源，但有个前提，不要自掘坟墓。

十年前我同时认识了两个人，两个人同时办厂，做同样的产品，也都是白手起家。一个人踏踏实实、勤勤恳恳，买设备、开发产品、抓质量，一步一个脚印，三年一个台阶，五年一层楼，不知不觉现在公司拥有了一个亿资产。另一个人开始也做得很顺利，抓住了两个大客户，发展得很快，后来不知道他哪根筋错乱了，在大客户的订单里偷工减料，搞了两次，客户终止合作了。后来起起伏伏，他到现在还在原地踏步。

工厂只要踏踏实实干，踏踏实实做产品，很少有不发展的，也很少有破产和倒闭的。

说完工厂，再来说贸易公司。

五、贸易公司的优势在于服务

做贸易就是做服务，说了你别不信。利丰拿什么赚钱？拿的是供应链，其实也就是服务。服务的价值在哪里？就在差异化。

因为贸易公司能提供别人不能提供的服务，所以即使贸易公司的价格比工厂高，客户也愿意向贸易公司购买，其实客户是花多出来的钱来买贸易公司的服务。

贸易公司如果做不好服务，那是说不过去的，而且也是死路一条。

为什么这么说？因为贸易公司只做整个产业链里的一截，工厂还要搞采购、生产、技术、管理、销售，事情一大堆，人家精力不够有侧重是很正常的。可贸易公司，连客户服务都做不好，还想干什么呢？

六、贸易公司信息资源多

信息就是数据，它是很值钱的。

马云卖的是数据，京东卖的是数据，亚马逊卖的还是数据。人家卖的是大数据，而贸易公司卖的是小数据。

掌握和了解的信息越多，就越能发现数据里面的差异和不对称，然后就能发现商机，把握住商机。这个工厂做不了，有人说，那工贸公司怎么样？在我看来，没什么区别。就像某人常说的那句话，你的精力在哪里，效益就在哪里。人不可能把所有的便宜都占了，企业也是一样，还是有主营业务，有次要业务。到贸易公司里，你主要去学的是销售。到工厂里，你主要去学的是做人。学销售技巧重要，还是学做人重要，还是那句话，看你喜欢。

Part 4 你真的适合做外贸吗

每天，都有好多人问我："我真的适合做外贸吗？"

土友提问：

土友：“土司，知道你很忙，但还是打扰你了，很抱歉！我最近一直在纠结改行还是继续做外贸。很头疼，有时晚上都失眠。

我是2013年本科人力资源管理专业毕业，实习时做过人事专员，感觉工作太悠闲了，没挑战，很无趣。毕业后我听从了亲朋好友的建议从事了外贸行业。

第一家公司是单纯的外贸公司，主营蓝牙音响、耳机相关电子产品，差不多做了一年半，公司倒闭了，现在只剩老板一人。

第二家公司是30人左右的工贸一体电子产品公司。业务经理也经常给我们洗脑，灌输很多鸡汤，但是没有老业务员带领、没有实用的业务知识传授，甚至同事之间都很少交流，都是各做各的，气氛比较压抑。

过去一段时间，我们的产品更新没有跟上市场的节奏，模拟市场几乎被数字市场代替，整个公司的业绩下滑得厉害。老板对我们的业务进行了大整改，降薪降提成，而且降得比较离谱，底薪降到深圳的最低工资标准，此外，还有各种业绩和价值观考核。后来我就辞职了。辞职后，我就开始纠结了。人家可以在一个公司待几年甚至几十年，我怎么都是最多待一年就待不下去了啊。

我未来的职业规划，未来的路到底何去何从？想想毕业这几年的外贸生涯，说起来都是泪！每个公司做一年多时间，刚积累些客户，最后全都化为零。我开始有点怀疑自己到底适不适合做外贸。这么频繁地换工作，一个行业都没完全融进去，又得从新开始，感觉都没学到什么，心累，因此也很纠结。

望土司抽空帮忙分析一下，到底是我毕业就做了个错误的决定，还是我坚持得不够？未来到底怎么选择才好？”

我：“每个人有每个人的运气，每个人也有自己的经历，没有好坏。但是只要你自己不停止努力和探索，做什么都应该会迎来好运气和光明的。”

下面讲一个我自己的故事。

2004年我大学毕业的时候，不知道去哪儿，也不知道要干什么。幸亏有个哥哥，就寄居在哥哥住的地方，吃喝穿全用我哥的，做了“啃哥”一族。

我读了 4 年的英语专业，可到毕业时才发现学的英语都还给高中老师了。

当时我就想自己能做什么呢？英语专业、国际贸易专业能做什么呢？做翻译？能力不太行。做技术？技术不到位。做采购员？没有专业知识。做服务员？爸妈都不会答应。最后想想我还是做外贸吧，因为这个行业听起来特别高大上，实际门槛却很低。

我应聘的第一家公司在大街边，前店后院，十来人。老板说：“大学生？会英语？”我说是的。他说：“你被录用了，但是我们厂效益一般，所以月工资最高只能开 500 元，没社保，单休。”

500 大洋！我当时冲动地差点跪下了。老板能收我，我就很感激了，没想到我还值 500 元，人生很有价值啊，虽然后来我才发现，行情应该是 1 000 元，他骗了我！可是，当时我真的挺愿意的，他给了我一个机会。

我应聘的第二家公司是第一家公司的客户。可能我实在太“物美价廉”了，第一家的老板什么都叫我干，所以我一天到晚都很忙，打扫卫生、沏茶倒水、打字翻译、买烟拉货。做了三个月，一个客户来拜访，刚好看到我在设计 LOGO，他说：“你是美工？”我说：“不是，我是外贸业务员。”他说：“外贸业务员当美工用，太浪费了。”走的时候，他和我说，让我跟他干，他是海归。于是我就到他那里去了，工资 1 500 元每月。

第二家公司我做了一年左右，老板和海归不合，公司变成了两派，于是我就被老板派架空了，然后海归先走了，我就去了第三家公司。

我应聘的第三家公司，是第二家的同行。去这家公司是因为这家公司想做和我原公司一样的产品，所以就到处挖人。在那里做了一年半，经历各种生产乱、管理乱、产品质量差、客户索赔等问题，最后项目关停我就走人了。

至此工作将近 3 年，一无所获。

当时，我内心的困惑就和这个女生一样，我到底适合不适合做外贸。可到 2017 年，我外贸做了 13 年了。现在好多人问我，他/她适不适合做外贸，这是一个很难回答的问题。外贸好不好做？你适合不适合做外贸？有没有标准答案？没有。有答案的人不问这个问题，因为她们已经在船上了。而还没有找到答案的人，还在路上。

其实，我很想说，没有什么事情好做。

我爸做木匠，做了40年，到55岁的时候人家不要他做了，因为他是传统的全手工手艺，太慢了。人家嫌他好几天做一把椅子，而新的人用电动工具一天做一把。

你说他没做好吗，没有，前面40年他都坚持下来了。

不久前我面试了两个妈妈。一个有8年外贸经验。一个有9年外贸经验。这两个人都换过3~4家公司，都做出过几千万元的业绩，后来也都由于生孩子或公司的原因离开。你说她们算成功，还是算失败?

我说是成功的，因为她们一直在坚持做外贸，到现在还是不改初心，一直追逐自己的梦想，哪怕从头再来。

放在自己身上想一想，如果10年后让你做外贸和一群90后竞争，你会是什么心态。你觉得我又会选择谁。

生活真的没有一件事情是可以轻易成功的，外贸也一样。我们所看到的成功，背后都是由成百上千的失败和坚持堆砌而来。

他们的苦，我们不懂。

我们的苦，他们不知。

第三章

做外贸要懂的那些事儿

Part 1 做业务多久出单才合理，完不成是否该辞职

土友提问：

土友："土司老师，我在现在这家公司工作差不多3个月了，公司明确表示2个月要出3万元的业绩，否则就要走人。但是我们业务部几个新人都没有达到，老板今天说再给一个月时间，完不成就要辞退。

问题是我们从进来到现在都没有收到一个可以跟进的询盘，手上分配的客户也是原先老的资料，要么就是RFQ（Request For Quotation，报价请求）里找的，去联系很少有回复。现在这样到底是我们的问题还是公司的问题?"

其实这个问题问的人很多。不管是新人还是老手，到一个新公司基本都会遇到这个问题。我前几天还遇到一个人，她到公司1个多月，然后老板就问，为什么没业绩。她都不知道怎么回答好。

其实很多老板也很困惑，人来了到底该怎么给压力、定目标，才能达到自己想要或期望的目标。定高了，员工的压力太大，员工都完不成老板下不了台阶；不定，又怕员工没压力，达不到老板期望。很是矛盾！

现在我们就来讨论下，新人多久出单才合理，达不到该辞退吗？

我们先做个换位思考，把这个问题抛给老板，看看老板会怎么回应。让老板置身于一个新行业，然后问他，他2个月内能不能保证做到3万元的销售额，如果做不到，老板就被开除。你猜他会怎么回答？

我可以告诉你，没有一个老板敢拍胸脯保证，也没有一个老板心里有底，哪怕他有经验，哪怕他了解产品，哪怕他了解市场，他都不敢。为什么我会这么说，因为我也是业务员出身的老板，做了12年外贸，现在你让我拍胸脯保证，我都不敢。

为什么不敢？有四个因素。

一、了解产品需要时间

做业务员，就是做销售，你要了解和熟悉产品，这个需要时间。

产品的名称、样子、卖点、缺点、性能、生产工艺、价格、质量水平、认证要求、生产周期等，这些都是需要了解的。你连基本的产品信息都不知道，怎么进行销售，怎么说服客户，怎么和竞争对手竞争。

更何况有些公司的产品还特别多，比如杂货、3C 产品、服装、五金。那么多产品，那么多种类，那么多规格，那么多价格，想大体地了解一下都要个把月了，更不要说精通了。

二、了解市场需要时间

做销售还要了解市场，也就是要了解客户需求，这个也需要时间。

公司产品主要定位哪些市场，这些市场的客户有什么特点、偏好、对价格的敏感度如何、对质量的要求是高是低，市场竞争情况怎么样，这些也都非常影响订单的成交。

有经验的业务员一眼就可以判断出客户的潜力，包括后续成交的可能性业务员大体也能做到心里有数，这些敏感度都是一点一点积累来的，不是一天两天、一个月两个月就可以获得的。

三、技巧和经验需要慢慢积累

做销售是要技巧的，也就是方法，这个对新人来说更需要时间学习。

有些公司为什么不招应届生，有些公司招人为什么要求应聘的人有工作经验，就是因为看重技巧和经验。同样一个客户，让不同的业务员处理会有不同的结果；同样的质量问题、付款问题、价格问题，有些业务员能够很顺利地解决，而有些业务员就会丢掉客户，为什么？就是因为业务员掌握了不同的销售技巧和沟通技巧，这些都不是一天两天可以学会的。

很多时候处理问题的过程就是试错的过程，如果没有人教，没有人带领，那就得自己去一步步地试错，然后再根据结果总结出最好的方法。

四、要等待最佳时机

即使抛掉产品、市场、经验和技巧的因素，时机不到也是做不好销售的。

什么叫时机？就是运气。

你很努力，你一切都准备好了，可是运气不到，也没用。有些客户还在路上，有些客户还没找到你，有些客户已经和别人建立了牢固的合作关系，有些客户这段时间没需求，有些市场还没成熟，有些市场已经饱和，有些产品工厂技术还不成熟，有些客户条件还不能被满足，这些都是时机。

面对时机怎么办，只能等，只能熬。有句话说机会是给准备好了的人的，这个一点没错。当你准备好了，就开始等吧。等机会当然也是要花时间的。

了解了这四个因素，我们就知道业绩不是你说出就能出的，该出多少，多长时间出，这些都是不可控的。可控的东西只有一条，那就是努力。

老板可以给业务员压力，可以定目标，可以要求他们努力，但是老板不能一刀切，说完不成就辞退。任何的投入都是双方的，个人损失了几个月时间，但是公司损失的更多，时间、金钱，还有时机。

最后回到这个问题上来，新人到底多久出单才合理？我们公司的做法是，对出单时间不要求，对出单金额不要求，但是必须看到你的努力和成长，如对产品、市场有进一步了解，对技能有进一步掌握，关于运气的事情公司就不管了。

因为不断努力，不断成长的人，才最有可能出单。

Part 2 业务水平高业绩就好，假话

“业务水平高业绩就好”，纯属骗人！

一、供应链不好，业务员水平再高也无用

我有一个朋友。和我一样做业务员做了 13 年，SOHO 也做了 4 年了。每次我写文章，他都会看，看完都会和我交流一下，说说他的看法和意见。其实不交流我也知道他都懂，我们认识这么多年了，他的业务水平不在我之下。但是他的业务就是做不起来。

有一次我们一起喝酒，我就问他什么原因。他给自己灌了两大杯酒，然后和我说，供应链不行，他一直找不到能长期合作的合适的供应商。他一说完，我就明白了。

供应链不好，业务基本没法做，业务能力再强也没用，都是在做重复的无用功。

有一次，他谈了一个美国客户，一年500万美元的采购额，客户在国内挑了4家备选供应商，他是最小的一家，产品价格也不好，结果3个月跟下来，客户还是决定把首个试单给了他。他本以为会赚一大笔，结果货还没出，客户就被做丢了。

为什么？因为他选的供应商不配合，他让供应商报个价，人家拖个好几天；问供应商要个技术文件，经常电话都打不通；他说可以开始做样了，结果一个礼拜了供应商还没安排下去；好不容易样品测试通过，可以安排做试订单了，供应商还心不甘情不愿的；最后要交货了供应商又说因为生产太忙，交货期要往后推两周，而且没有任何回转的余地。

结果这个客户就给做丢了，客户失望得连定金都没要。

这些年经他手开发的大客户太多了。每次开始的时候都谈得非常好，但最后都从他手里流失了。一次次他都通过自己的能力把机会争取过来，但是机会又在供应链那里流走，说起来都特别悲惨。

供应链他也尝试着换了很多，但就是没匹配到合适的。有一些是时机对不上，有一些是能力跟不上，有一些是配合意愿低。所以到现在，他也就只能做些小单子来维持生活。

因此，没有供应商配合你，能力再高也没用。

二、产品过时，什么都拯救不了业绩

土友提问：

土友："土司，我做业务6年了。前面五年业绩做得还不错，业绩基本都在三千万元左右，因为公司给的提成太低，氛围又太差，所以就想出来试试。今年3月份我到了现在的这家工厂，老板给的底薪和提成都不错，我也和以前一样努力，可是6个月过去了，业务一点进展都没有，只接了一个一万美元的订单。

现在在厂里我感觉头都抬不起来，老板也开始怀疑我的能力，身边的同事偶尔也有这样的感觉，连我自己都开始怀疑自己的能力了。”

我问她：“你做什么产品啊?”

土友说：“我是做一种质量比较低劣的铝线。”

这个产品我接触过。我就和她说：“你业绩做不出来。”

土友问：“为什么?”

我说：“这是正被急速淘汰的产品，越来越少的人会用它，市场和客户都在急速萎缩，你做得出来才奇怪呢。”

我又问：“你们公司现在规模怎么样，有多少业务员?”

土友回答：“前几年有二百多人，现在五十几个人。业务员就她一个，原来的业务员都走了。所以老板特意把我请来，希望我能把业绩做回来。”

我说：“算了吧，你做不起来，不管你能力多强，你都做不起来。”

业务能力再强，产品不好有什么用。

我让你卖 BB 机，卖大哥大，你卖得出来吗；我让你卖白炽灯，让你卖 CD，你卖得出去吗。做业务选对产品很重要，选对了产品就等于成功了一半；选错了产品，就算你能力再强，也拿不到客户手里的订单。

三、产品定价太高，客户怎么可能买

还有一个土友，他在金华永康的一个外贸公司里上班。他做的那个行业我刚出道的时候做过，算是不错的一个行业。他把他的公司网站、阿里巴巴平台上的网址都发给我看，有时候连他回给客户的邮件都截图给我看。

我给他看了下，网站做得不错，平台运营也不错，来回邮件也很能抓住关键点。入行才一年半的新人能做到这个程度非常不错了。

我问他，他今年做多少业绩。他说，一个订单都没有，只有样品单。我说不会吧，以他现在的能力不可能啊。他说他也不知道为什么，每次价格报出去，然后再跟进，社交营销也用上了，结果还是没订单，很多客户都很客气，但就是不下单。

我实在想不出什么原因，就让他把那几款产品的价格报给我看看。他报给我后，我找了我以前的同事去核对，同事一看吓坏了，他说这个价格谁要啊，都是3年前的价格，现在在卖的产品价格只有他价格的70%，少的只有他价格的50%。他怎么可能卖得出去。

后来我和他说，他说是的，很多客户说价格太高，但是他们公司只能从老板的亲戚那里拿货，所以给业务员的价格基本都是定死的。

因而，业务员能力再强，产品价格太高有什么用。

我给你一个iPhone 7的定价，你能把小米5卖出去吗？

四、没有团队配合，你再厉害也无法成单

土友提问：

还有一个土友，做业务员也好几年了，能力在公司里是公认的一把手。从询盘处理到订单跟进，从平台操作到展会营销，从业务谈判到客户接待，样样做得很出色和到位。她和我说几乎每个和她打交道的客户都表扬过她，也有很多客户和竞争对手想挖她过去。可是她都没去，一直留在原来的公司。

但是，她的业绩却一直做不上去，第一年做了400万元，第二年还是差不多，到现在第四年了，也还是400万元出头，反正她一直努力，业绩就是做不上去。

我问为什么。她说："公司管理不行，很乱。车间里管生产的人和技术员经常吵架，和采购员也经常吵架；技术员有时候和我们销售员也吵，说我们提供的要求不准确，有时候也和采购员吵，说采购员买的东西不达标。不光是部门之间经常推脱责任，部门内也是这样，同在一个办公室，大家都互相防着对方，每个人都抱着多一事不如少一事的心态，遇到问题和责任就先把自己撇清。有时候做一件事情真的好难，要自己一个一个地方去跑、去沟通，不然就很容易卡住。经常找老板，他又会嫌烦，觉得我什么都找他。因为内耗太大，所以很多服务跟不上，经常做着做着客户就没了，好在还有新客户接进来。"

我说："那你现在怎么想？"

她说："舍不得辛苦开发积累起来的客户，都有感情。而且如果换个平台也不一定见得好，万一选错了，那真的连现在都不如了。"

我听完她的情况表示很理解。

做业务员，你能力再强，如果公司管理不行，那也是没办法有业绩突破的。因为很多精力都被内耗给损耗了，你得到的支持很少，客户得到的服务自然也很少。我们每个人都有自己的极限，老板也不例外，公司能发展到多大，做多大的生意，完全在于老板的管理水平。老板的极限，也就是你的极限。

做业绩光靠一个人强是不现实的。没有其他部门、其他人的配合和协助，你能力再强又有什么用。找技术员，技术员说做不了，找采购员，采购员说价格太高，找生产部门，生产部门交期太长，找财务部门，财务部门资金周转不灵，找老板，老板不信任不配合。无论哪个环节缺失，你都不可能做出好的业绩。

但是，业务员的业务水平是一定要高的。因为水平高，是我们自己的事。我们自己的事都没做好，哪来的底气去要求别人，或是指责别人呢？又谈何赚钱，实现梦想呢？

我们，不要高估了自己的能量，但是，也不要低估了自己的能量。

Part 3 做业务一定要喝酒吗

土友提问：

做业务一定要喝酒吗？喝了酒才能成交生意吗？

前几天，一个土友在朋友圈问我这个问题。

土友："土司，做业务员就必须喝酒吗？我进这个公司一年多了。这期间公司聚餐两次，第一次年会聚餐，老板让我喝多少我就喝多少了，但因为我平日里不喝酒，结果烂醉如泥。第二次老板和同事聚餐，那天我因为身体原因，大家给我倒酒我说身体不适真的不能喝酒，请大家谅解。然后老板就在旁边说一些冷嘲热讽的话。我特别郁闷。"

"这种酒桌文化我真的处理不来，你说我要以哪种方法来更好地拒绝呢？难道做业务员就一定要喝酒吗？"

针对这个问题，我想说，我做业务员十几年，算算接待客户、陪客户吃饭也超百场了，但喝酒次数不超过十场。特别是外国客户，不喝酒的很多，劝酒的那就更少了。

有时候工作结束后带外国客户去吃饭，我会点瓶红酒或者啤酒之类的，我自己不喝，或者业务员们不喝，都没关系。

欧洲的客户喜欢喝红酒，美国客户喜欢喝啤酒。但是人家这不叫喝酒，叫习惯，就跟我们吃完饭要漱漱口的习惯差不多。你不喝，人家一点不介意。

日本和韩国的客户一般会点烧酒或者清酒，这两个国家的客户大多数都能喝，特别是男人。但是人家一般也就针对男人，你陪他喝点他觉得有气氛。如果你是女生，你说不能喝，日本客户一般都会礼貌地说没事。但面对韩国客户你得坚持说不喝，坚持几次，人家也就不勉强了。他们都属于自己能把自己喝高兴的人。

东南亚或者中东的客户一般不喝酒，更不要说劝人喝酒了。非洲兄弟一般我不请他们喝。所以这方面就更没压力了。

最后说一下国内，从客户到老板，从老板到同事，每个人都觉得对方要喝酒。看仔细了，是觉得对方要喝酒，而且还觉得对方喝了酒才高兴。因为觉得对方要喝酒，所以我们就要会喝酒；因为觉得对方喝多了才高兴，所以要灌对方多喝；因为要灌对方多喝，所以要先灌自己多喝；一个人喝不下，就拉一群人喝。全把自己给坑了，完了还要拉上周边的人。

不过现在真的好多了，抽烟的人越来越少了，喝酒的人也越来越少了。归根到底，外贸业务员到底要不要喝酒呢？

一、做生意是为了赚钱，不赚钱喝再多酒都没用

做了十几年生意的我也好，做了几十年生意的你也好，做了几年生意的他也好，大家都是生意人，有些话不妨直接敞开来说。做生意，最主要是谋利，也就是赚钱。你陪我喝高兴了，我就会把订单给你吗？不可能的。

酒桌上的高兴就是一时的。有人说酒后吐真言，可在生意场上我一个都没遇见。等到大家睡一觉清醒过来，还是要照样归到赚钱这个根本问题上来。算一算，这个订单能不能赚钱，是不是比下到别的地方多赚点，或者长期合作是不是更有利，等等。算完了，一对比，发现还是下给你最划算，或者只

能选你，然后就把生意给你做了。结果呢，你还一直以为，这生意是喝酒喝来的，功劳全记到喝酒上去了，你说滑稽不滑稽。

生意这东西，该是你的，就是你的。真要抢，抢不来；真要丢，丢不掉。

做生意还是要归结到创造价值上来。给客户多创造一些真正的价值，比如说技术、价格、质量、服务，等等。靠邪门歪道得来的生意，即使得来了，也是不能长久的。

二、委婉拒绝劝酒

接下来讨论下如何拒绝喝酒。首先，最重要的是你要定一个底线，特别是女人。如果一开始你就是不喝酒的，那就坚持到底，不要一开始说不喝，后来经不住劝，说只喝一小口。这个底线一破，你就是等于没有底线了。所以，要不喝就一滴都不喝，不是这次不喝，而是次次不喝。

如果你给自己定一杯的量，就只喝一杯！大家都知道你会喝酒，但是你给自己每次都定一杯啤酒的量，而且永远坚持的话，那大家也会尊重你的选择。记得，一定不能后退！

另外，你要准备一些借口以备不时之需。

（1）开车去，开车不喝酒是一个不错的借口。

（2）备孕/待孕，要生孩子了，这个谁也耽误不起。

（3）严重过敏，你说你喝酒就会严重过敏，别人也不敢劝了。

（4）手机关机，别人问你为什么不去应酬，你说手机没电了，所以不知道这件事。

（5）中途接电话，提前和家人或朋友说好，差不多时间了打个电话。然后，你就说有急事，得赶紧走，然后万分抱歉地跑掉。

（6）发次酒疯，这个方法我给一个女孩建议过，我让她假装一次喝多了，发次酒疯，砸东西、乱说点话之类的，以后人家就不敢灌她了。

Part 4 生活和业务完全可以和谐共存

很多人会向我咨询生活尤其是恋爱方面的问题。最常被问到的问题就是生活和业务无法兼顾，工作太忙，客户和她的工作时间有时差，白天黑夜都在忙工作，完全没有个人时间怎么办？外贸圈里年轻人所占比例较高，因而，很多人苦恼做业务那么忙，根本没时间谈恋爱这个问题。

比如下面这位。

土友提问：

土友："土司你好。我考虑离开目前这家公司。因为工厂是在工业区，比较偏僻，我又住在工厂，这2年做业务压力比较大，工作也比较拼，出现了亚健康、颈椎痛等健康问题。而且天天待在厂里，圈子太小，都没认识过男生。"

"我最近在找工作，一个相关行业的老板想叫我去他那做业务员，这个工厂比较有发展前途，可是还是离市区很远。如果我去工厂，圈子太小，估计都没什么时间去完成自己的终身大事了。现在，我不知道究竟是事业重要？还是个人的终身大事重要？如果我选择事业去工厂的话，可取吗?"

这样的问题对于业务员来说很普遍，它困扰着许多外贸人，也导致了很多外贸人的离职，所以，我们必须正视这个问题。

不管你是在工厂，还是在贸易公司；也不管你是在工业区的工厂，还是在市区的写字楼。好多好多的人，尤其是女孩子都不得不面对恋爱、结婚的问题。

做业务员总体来说还是女孩子居多，而做业务员也的确压力比较大。很多人每天都会加班到很晚。有些公司一周工作六天，到了周末难得休息一下，谁还有精力出去约会呢，都恨不得在家睡得昏天黑地。

这一点住在工厂的会更严重。每天的活动范围就是办公室、宿舍、车间，面对的不是车间里的大叔，就是食堂的阿姨，还有办公室一堆已婚的老男人。死水一般的交际圈，哪有机会遇见年龄相仿的人。

业务的压力是四季不变的，它和年龄没多大关联。只不过年龄一年大过一年，家里催的电话一个接着一个，孤孤单单一个人没有一个肩膀可以依靠一会，这样下去怎能不着急呢。现实真是分分钟压垮人啊。

难道做业务员就真的没办法在工作和生活之间寻求一个平衡，挤出时间来谈恋爱吗？不是的。

一、利用身边的一切资源

我有一个前同事，叫 Pandora（潘多拉），这姑娘长得一般，个子也不高。那时候大家都住厂里宿舍，在工业区里，一周工作六天，早上七点半上班，晚上四点半下班，吃完饭没事干回办公室要么加班，要么看电视剧，很无聊，可 Pandora 一点都不无聊。

这姑娘嘴巴特别甜，还特别勤快，和办公室里、车间里的大叔、大姐关系混得特别好，你要有什么事情，她乐呵乐呵地就去给你跑腿了，平常还买点小零食、小礼物送送这个，送送那个，搞得人家大叔都快把她当自家闺女，大姐把她当亲妹妹对待了。

工厂的管理层本地人居多，所以人脉也都在本地，慢慢的这些大叔、大姐就开始操心起她的恋爱问题来了，时不时给她介绍个男孩子，还帮她做广告，说这个姑娘好，大学毕业，会说英语，会做生意，人又勤快，男方家要是开个小厂什么的，以后娶回家又能赚钱又能顾家。

有时候，他们甚至直接约上男孩子一起去家里吃饭帮忙相亲。你还别说，还真有好些感兴趣的人。到我快走的时候，我就没看她无聊过，到后来她真和隔壁镇一个工厂老板的儿子结婚了，荣升老板娘。

二、摆平心态，丰富你的业余生活

我认识的另一个小姑娘，在市区一个贸易公司上班；每周工作五天，周末双休；身高、长相一般。人家也做业务，可日子过得一点都不无聊。

我每天看她的朋友圈。她工作日下班后不是去学跳舞，就是参加什么英语角，或者看免费老电影，偶尔还去学花道、参加福利院敬老活动。

到了周末，不是参加俱乐部爬山活动，就是去摘草莓，要么就在博物馆做义工，晚上晒出来的照片都是吃吃喝喝的，特别开心。生活多姿多彩得让我非常羡慕。

你说她业务做得好不好，也挺好。她老板我也认识，老板说她和客户沟通很有办法，而且什么话题都能聊上，客户都挺喜欢她，愿意把单子下给她，别人拉都拉不走。她就是公司里的一个宝！

我说这两个身边的故事，就是想告诉大家做业务员真的和能不能谈恋爱没有太多必然的关系，关键还是你自己。你有没有走出去，你有没有去寻找生活的乐趣，去充实自己，让自己变得更有趣。

有时候，爱情真不是刻意找来的，而是你走着跳着，把自己的生活过丰富了，把别人吸引来的。

别等别人爱你，先爱好自己，然后，让别人爱你。

Part 5 与客户沟通，请你直接一点

“我想请教，客户说打样费打到我们账号，可是迟迟没打怎么办？”

“去催。”

“还有个客户要求送货上门，可以拒绝吗？”

“拒绝。”

“拒绝会不会不好啊。”

“姑娘，直接点啊。”

我每天收到很多类似这样的问题。我们公司业务员也经常会问，他们总是怕得罪客户，总是怕哪里说错话了，让客户不高兴。

大部分时候，我的回复都还算委婉。其实，我真想说，为什么你不直接点！

收到询盘后，回复邮件发过去，客户没回，你总想拐弯抹角地找话题跟进，为什么你不直接问：“先生，你收到邮件没有呀，是不是太忙了没时间看啊，还是说没兴趣。”

产品资料发给客户参考，客户不回，为什么你不直接问：“朋友，你到底对哪些型号感兴趣，要不要报价，有什么要求，或什么建议？直接点，告诉我，我给你解决。”

报价过去了，客户不理你，为什么你不直接问：“您是对价格不满意，还是觉得交期有问题？”

样品合同过去后，一直等不到客户付款，为什么你不直接问：“您是太忙

忘了，还是付款遇到了什么困难，还是说不放心呢，或者您是改主意变计划了。”

质量出现问题，为什么要遮遮掩掩怕说，自己公司找不到解决方案，为什么不直接说：“我们真的没办法了，你要有解决方案，我就替我老板谢谢你了，你要真没有，那我和老板说，该退退、该补补。”

你怎么想的就怎么说，大家都是冲着生意来的，要什么面子。

每个人除了工作还要生活，客户和你没有区别。能短说的话就不要长说，能直接沟通的就不要拐弯抹角，客户没那么容易被得罪。

我们经常说要做自己，不期望所有的人喜欢，怎么放到工作上就变了呢？你不要期望做下所有的客户。做生意、合作也讲究门当户对、互相匹配，能做就做，不能做就算了。何况强扭的瓜不甜。多少人勉强做了一单，结果到最后弄得双方遍体鳞伤，这样的例子无论是在商业里还是生活里还少吗。

这些年，很多外国客户对我说：“你们中国人特别含蓄。”我也知道，这表面上是表扬，实际上是说我们做事、说话太拐弯抹角。

生活，我们做减法，工作，也要做减法。你和客户就是做生意而已，所以，直接点。

Part 6 不是生意不好做，是你的生意不好做

经常有人在朋友圈留言，说生意不好做。还有些人说他考虑转行。

我想说，不是现在生意不好做，是生意从来没好做过；不是生意不好做，是你的生意不好做。

想一想，从你进入生意场开始，你听谁说过生意好做？我从事外贸 13 年，时间不算长，也不算短。从接触外贸的第一天开始，就有人和我说外贸竞争很激烈，不好做。

可是，那么多人做这个生意赚钱了，我看到了。做生意没赚到钱的说不好做，正常，做生意赚到钱的也说不好做，更正常，全世界谁愿意天天说自己赚到钱了。

一、比产品

之前我在网上发过一篇中美制造业成本的文章。很多人看完文章后给我发微信说："土司，我们公司是做服装、鞋子的，生意的确越来越难做。接下来该怎么办?"

我能怎么办？这产品原先的确火过。先在英国火，然后在美国火、韩国火、中国火，接下来越南火、印度尼西亚火，说不定哪一天就火到非洲去了。它就是跟着劳动力成本跑的啊。

资本是哪里有更多的钱赚就去哪里。你让它永远在中国火，这是不可能的。这火灭得越早，说明我们生活提高得越快；哪一天这火烧回来了，那我们就惨了。

难道服装生意就真的没得做了吗？也没有啊。我一个朋友是做服装生意的，人家做时装，做定制、设计，做大牌贴牌，走精品化、小批量路线，生意特别好，公司规模不大，可进去公司跟逛时装周一样。

我还有个朋友也做服装，人家做细分市场，狗的衣裳，看得我目瞪口呆，我第一次发现原来狗穿衣有那么多搭配和花色。

同样是服装行业，为什么你的服装生意不好做，人家的服装生意好做。选产品，很关键。

二、比技术

前几天，看到朋友圈一条微信，是一个和我们公司合作的供应商的工程师发的："开始新的征程！非常感谢这四年来老板和伙伴们的支持和信任！"

我心凉了半截，又走了一个技术员，技术员有多重要，大家都知道。但是大多数人还是天天盯着销售业绩，这个真不行。技术不创新，你怎么开发新的产品？难道要靠老产品打一辈子天下吗？等人家用新技术、新产品把你超越了，然后你又来说，今年生意不好做。

我有每天早上看新闻的习惯。看科技新闻，我会觉得世界的变化一日千里。VR（Virtual Reality，虚拟现实），AR（Augmented Reality，增强现实），自动驾驶、会飞的汽车、各种新材料横空出世，各种新公司一夜之间估值百亿等，真是觉得生活以迅雷之势在改变。

每天都有大量的公司倒闭，或是走在崩溃边缘，特别是互联网科技型公司。我们应该庆幸，我们不是这样的公司，一年不推新技术、不改进产品也不会倒闭。但如果你的公司几年都不推陈出新，你会怎样？如果你的公司5年、10年都没有推出新技术，你会怎样？

我很想问一问，你手头卖的产品是哪一年开发的？2014年？2010年？还是2005年？你知道，客户都是紧跟潮流的。

三、比团队

比完产品和技术，再来比团队。问你个问题，你的团队比同行的强吗？有人说，“我们的销售团队很强”。

就只有销售团队吗？什么是团队？贸易公司的团队就是老板＋销售员＋技术员＋采购员＋财务人员＋跟单人员＋内务人员。工厂的团队就是老板＋销售员＋技术员＋ 生产人员＋采购员＋财务人员＋内务人员。这才叫团队！

你的老板很强，下面员工实力不行，有什么用？老板能把所有事情都做完吗？你们的销售员能力很强，技术员水平很一般有什么用？销售员能把小米手机卖出苹果手机的价？你们技术员实力很强，生产人员实力很一般有什么用？想得到做不到！

我们常说一个公司有竞争力，表面看是产品有竞争力，其实是团队有竞争力，团队中的每个人有竞争力。

管理就是把这些能力协调到一个方向上，发展就是大家一起朝前用力，变化就是这些能力一起转向，提高就是这些能力一起提升。

你单方面的能力很强，短期可以往上冲，那长期呢？人家一群人划一条皮划艇，你一个人划一条皮划艇，你能用最大力划多久？皮划艇用力到了就可以跑最快速度，一群人各出一点力就满足了，你呢，怎么划力气也不够。

如果你的团队各个人都强，那你真的可以说你的团队很强，你的公司不发展，不赚钱都很难。团队强的公司生意不会难做。

四、比老板

说到最后，我要说重点了。产品由技术而来，技术由团队而来，团队由老板而来，一切的根源在老板。老板决定公司的未来和你的未来。

如果你的老板只有一桶水的能力和格局，你就安心点，在一桶水里游泳，抱着一桶水的心态，别长太大。如果你的老板有一池水的能力和格局，你也安心点，在池子里游泳，抱着一池水的梦想，别长太大，也别不长大。如果你的老板有一条小溪的能力和格局，你就奋斗吧，和溪水搏击，抱着一条河的梦想，别长太大，但要足够精干。如果你的老板有一条河的能力和格局，你就冲杀吧，河流是最残忍的地方，面向大海，要快速长大，也要足够勇敢。如果你的老板有大海的能力和格局，你就畅游吧，大海无限包容，也有无限可能，有多少能量，就实现多少梦想。

老板的能力和格局有多大，就能打造多大的平台和舞台。

这世上有一些老板天生就有很高的能力和很大的格局，譬如乔布斯、扎克伯格，人家一出手就要改变世界，只要你跟得上，够忠诚，你就有无限可能。

这世上也有一些老板的能力和格局是不断变大的，譬如马云，从阿里国际到淘宝，再到天猫、支付宝、蚂蚁金服。

有人说马云是天才，我不信，人家明明是一步步干出来的。遇见这样的老板，你要好好珍惜。跟得上，够忠诚，你也能无限成长，你都不用想太多，跟着走，尽全力，就到山顶了，从哪条路，怎么上来都不用知道。

老板能力强和格局大的公司生意不会难做。

第四章

询盘邮件那些事儿

Part 1 做外贸要不要写开发信

最近经常有土友问怎么写开发信，我有没有这方面的经验可以分享。之前我也经常在朋友圈和论坛里看到很多人分享怎么写开发信，甚至给了许多模板。这里我分享下我的看法（本章讨论的开发信是指第一次给客户写开发邮件这种情况）。

花香蝶自来

关于怎么写开发信，我的意见就是：不要写开发信。

有人说我疯了吧，不写开发信怎么找客户，怎么做业务？哈哈，不要急，先来看几个问题。

你为什么要写开发信？

答：为了开发客户，寻找合作机会，增加业务量。

写开发信难不难？

答：难。客户在暗，你在明，你可能找不到对的人，也不知道客户有没有需求，即使有，也不能准确判断，有时找到人了也不知道怎么和对方打交道。

你付出的时间和精力多不多？

答：多。找邮箱费时间，想模板费脑力，发邮件费精力。

开发信有没有效果？

答：没效果。大海捞针一样。外贸发展这么多年，很多邮箱都被开发信发烂了。

你有没有得到尊重？

答：没有。大部分邮件都进了垃圾箱。

既然写开发信很难，又费精力，又没效果，你为什么还会一如既往地坚持下去，为什么主流的经验分享的内容都还引导你继续这样坚持下去，为什么你还要浪费自己的青春！

客户在暗，你在明。这生意怎么做得下去？能不能换个位置，你在暗，客户在明，哪怕，大家都在明也行。

想一想，你有没有做过客户在暗、你在明的事情。如果有，你有没有把这些事情做好，答案是有。问题是，你一直努力在找客户，而忘记了把让客户来找你的事情做好。也就是说，你忘了初心。

下面看看哪些事情是你可以做好，能让客户主动找你的。

（一）公司网站

你们公司有没有把网站做好、维护好？公司介绍写得是否专业，产品资料是否详尽，图片展示是否清晰美观，新闻信息是否及时更新，网站架构是否科学，页面布局是否合理等。官网是最重要的展示窗口，也是说服和影响客户的最好渠道，这方面一定要做到最好。

（二）B2B 网站

如果你公司有做 B2B 网站推广（阿里巴巴、环球资源、中国制造网等），你有没有把它们运营好？有没有详细了解它们的规则，有没有按它的规则去优化网站首页、产品介绍、图片、详情页、关键词、排名等。B2B 网站是很重要的引流渠道，甚至是最主要的渠道，既然你投入了资金和精力，你就要让它发挥最大的价值。

（三）展会

如果公司每年安排你参加展会，你就要最大化地利用好展会。去展会之前有没有明确的目标，要展示什么新品或服务，对新客户、老客户有没有不同的营销方案，要收集哪些市场和竞争对手的信息，展后要去拜访哪些客户，用什么方案拜访客户，展后要怎么跟进，你都必须做到心中有数。展会是最直接的沟通渠道，好不容易去一次，就一定要全力以赴。

（四）老客户

老客户资料库就是个宝藏，当你费尽心力去开发一个又一个的新客户的时候，有没有系统地去维护和开发老客户？其实客户没有新老之分，没成交的都算新客户，他这次没和你做成生意，不等于下次他也不会。时时地去跟进，去挖掘需求，去制定营销策略，我保证，你每跟进一次，都会有收获。

（五）社交营销

社会在进步，新的模式层出不穷，你有没有去试过社交营销。Facebook、LinkedIn 都提供了很好的寻找和了解客户的渠道，通过它们你甚至都可以查到这个公司所有的人和职位。你有没有去了解、去学习怎么用它们，去创建和运营自己的公司页面，去营销和影响潜在的客户，让他们主动询价。社交营销是客户开发、维护的很好途径，必须学会利用。

看看上面这些你都有没有做到最好，如果你都做得非常好了还是没有客户，那再去想想怎么写开发信，怎么用谷歌去找客户。

所以，我的观点是忘掉写开发信。总之，我不让我的业务员把时间浪费在写开发信上。

Part 2 如何写出“网红式”的标题

很多人不太关注邮件标题。比如说，每天问我怎么写开发信，怎么给客户写邮件，怎么给客户回邮件的人很多。但无一例外，都是问内容怎么写，没一个人问标题要怎么写，要注意什么。

那邮件标题重要不重要？太重要了。

我和同事说：“你要写不好邮件标题，还做什么外贸。”

为什么这么说？先举几个简单的例子。

平常你看公众号的文章，你第一眼会看什么？标题。这么多标题，你会先点击哪个？当然是最吸引人的那个。没错，哪怕里面的内容很差，你还是会根据标题点进去。有时候我在朋友圈经常会看到，朋友分享了一篇文章，标题是“我为什么不买苹果 8”，我赶紧点进去看，结果文章里面就一张图片，上面写着一个字“贵”之类的。拉到文章底下一看，阅读量还过 10 万，被骗进来的人还真不少。

还有你在手机上看娱乐新闻，一排排的标题，你猜哪篇文章点击量最大？肯定是标题最火爆的、最吸引眼球的那篇，因为你自己都会去点，这就是头条。

邮件也一样。一个好的邮件标题可以提高50%～80%的点击率。按我说，一个好的标题可以提高200%的点击率，甚至1 000%。

接下来我们就来看看如何写出高点击率的邮件标题，并且这中间要注意什么。我们先来看一列外国客户发来的邮件标题。

（1）Order.

（2）RFQ – Led light.

（3）Michael has sent you an Inquiry.

（4）PO 1523695.

（5）Re：Re：Fw：Re：Re：Re：Re：Led lights.

（6）Bad Led light.

（7）Re：16ABC24 托书韩 釜山港/40 高柜.

（8）Habbs – Australia.

（9）Light 200mm – 48v – 100W .

早上上班，打开电脑，这些标题内容各不相同，如果是你，你会先点哪个？大多数人直接先冲（1）Order 和（4）PO 1523695 去了，这很正常，所以骗子邮件的点击率最高。

接下来你会点击哪个？我一般会选（2）、（3）和（9），为什么，因为它一看就像是新询盘。所以这下询价的客户赢了，他们成功地吸引了我的注意力。再接下来你会点击哪个？我会选（6）、（7），这个客户和货代也赢了，因为他们把事情写得很清楚，一看就明了。最后我会点（5）和（8），为什么，因为这两个人是把事情说得最不清楚的最不着急的，特别那个“Re：Re：”的，所以，我最后再处理。

从上面的例子中，你可以得出什么规律？

就是写邮件标题一定要把握对方的心理。记得，是对方的心理，不是你的心理。你想干嘛要干嘛，是有意义的。你想要订单，标题就出现订单；你想要报价，标题里就出现询价。

接下来我们就看看如何写邮件标题，有什么规律和注意事项能尽可能地吸引客户点击、关注，或者让客户留下印象。

一、开发信标题

这里说的开发信包含两种情况，一种是从没联系过的客户，比如你谷歌搜索找的客户，展会收集的名片，等等；还有一种是很久没联系过的客户，这类客户的特点就是对你已经没有印象了，需要重新建立联系。

要让这类客户成功关注并点击你的邮件，你的邮件标题就必须要直接击中要害和痛点，例如：

（1）Top5 Led lights manufacturer in China.

（2）25 years Led lights manufacturer.

（3）New price update for Led lights from Abby.

（4） Price down notice for all Led lights.

（5） $ 2. 5 10W 1 000pcs Led lights supplier.

（6）15 days delivery time for 10K Led lights.

（7）New design Led lights you may need.

（8）2016 Most popular Led lights in America.

（9）UL confirmation for 25W Led lights from Abby.

（10）Newest Led lights for green house.

标题可以选择的切入点有很多，比如价格、规模、年限、交货期、认证、最新款产品、应用，等等。具体的点就根据你对客户的了解来选择，而且你还可以每次使用不同的点来进行跟进和营销，这样就可以大大地提高邮件点击率。

二、沟通中邮件标题的写作

这类邮件的特点是双方正在沟通中，彼此之间以及对正在谈的事情都有印象。但客户可能对有些事情印象没那么强烈，或者你们同时在谈好几件事情，或者客户同时在和很多人谈。这个时候你写邮件标题就一定要注意三个点，争取脱颖而出，给客户特别的印象。

（一）简洁明了

不管是你，还是客户，大家都没那么多富余时间。哪怕有时间，也不愿意去猜邮件内容。你邮件的标题写得特别长，想展示的信息太多，客户看不过来不说，从另一方面也间接暗示客户你可能比较啰唆，沟通起来效率比较低。比如下面两种：

（1）China best led lights for greenhouse manufacturer Shenzhen XXXX Technology Co.，Ltd.

（2）Best led lights manufacturer.

你喜欢看哪一种？

我们公司要求业务员发给客户的邮件标题，一秒钟就可以被看懂，也就是客户扫一眼就能明白邮件的主旨。

（二）抓住重点

有些人回邮件抓不住重点，写标题也抓不住重点；而有些人回邮件能抓住重点，写标题不在意，直接在客户发过来的邮件的基础上就回了，也不管客户邮件里具体谈的事情是什么。比如下面两个标题：

（1）Re：[Alibaba Inquiry Notification] Mickael has sent you an inquiry.

（2）Quotation for Led light from Abby.

客户邮件是来询价的，标题也是询价，可是第一个人直接在客户邮件标题上回复了，如果其他人也这样回复，客户就会被淹没在一堆类似标题的邮件里；第二个人修改了标题，直接把事情标注清楚，客户一眼就看明白了。你说客户会先点谁的邮件？

（三）及时更新

有时候我们和客户的沟通邮件会来回很多封，慢慢邮件标题就会变成如下格式。

“Re：Re：Re：Fw：Re：Re：Re：Re：Re：Re：Re：Fw：Re：Re：Re：Re：Re：Re：Re：Fw：Re：Re：Re：Re：Inquiry for 25w led light.”

这在我们公司是不允许的。你和客户沟通那么多封邮件，不可能只谈询价的事情，报价、砍价、重新报价、确认样单、确认交货期、确认付款等都会有所涉及，如果沟通事情的主题发生变化，那你的标题就要跟着更改。

(1) Quotation for 25w led light.

(2) New quotation for 25w led light.

(3) Delivery time for 10pcs 25w led light samples.

(4) Proforma invoice for 10pcs samples.

(5) Payment received for 10pcs samples.

及时更新标注不但可以明确双方沟通的具体事项，也可以在需要时及时找到对应的记录，节省时间提高效率。

还有一种情况是客户一封邮件里说了好几件事情，结果邮件标题只有一个，很多人就在一个邮件标题下和客户沟通好几个事情，到最后找记录都找不到，这也是要避免的。比如把一封邮件的三件事情分成三封邮件和客户沟通。

(1) Delivery time for 10pcs 25w led light samples.

(2) Proforma invoice for 10pcs samples.

(3) Payment term for 10pcs samples.

总之，你一定要认识到标题的重要性，每次写邮件的时候先把标题考虑好。想一想客户关注什么，对什么敏感，客户的需求点、痛点在哪里。一旦标题定性了，邮件内容就定性了，营销方案也就定性了。回邮件的时候，标题尽量做到简明扼要，抓住重点，并及时更新。

我们说社交营销，说客户体验，你给客户的感觉就是客户体验。第一印象，第一印象，邮件标题就是第一印象，你是让客户觉得你是个专业、精干、值得托付的合作伙伴呢，还是个拖沓、没效率、没安全感的合作伙伴呢？这些在邮件标题里就都透露出来了。

Part 3 询盘分析：我会的你都不会

很多业务员拿到询盘，都会急着给客户回复，生怕客户被人抢了。每次看到这种情况我都会很着急，你对人家一无所知，就说要和人家谈订单。合作最重要的首先是了解和分析对方，然后结合自己的实际情况，再决定要不要伸出橄榄枝。怎么了解和分析客户呢？下文会从六个维度告诉你如何分析询盘和客户，挖一挖，里面有很多惊喜！

一、他从哪里来

很多人拿到询盘，都会看一眼询盘来自哪个国家或地区，然后就略过了。客户所在国家或地区有什么用？仔细想一想，还是很有用的。你的产品主要的目标市场是哪里？你送样或成交过的国家或地区主要有哪些？打比方，你收到一封来自印度的询盘，而你的主要目标市场是欧美，并且你之前和印度客户的生意一票也没成交过，你觉得你能把他谈成吗？又或者你主要成交的市场是中东和印度，你收到一封英国客户的询盘，你觉得你产品的质量和服务能满足客户的需要吗？

实际的数据和经验会帮助你做出很多判断，单从国家这一个维度就可以！

二、他从哪条路来

看看他从哪条路来的。你是喜欢和阿里巴巴来的客户做生意，还是喜欢和谷歌，或者展会来的客户做生意？

（一）阿里巴巴

阿里巴巴是集市，三教九流的人都有，你眼力要好。好在阿里巴巴也给了一些数据，让你了解客户。你进入询盘页面，可以看到客户 90 天的行为数据。

如果你是阿里巴巴的会员，阿里巴巴会告诉你客户的相关数据。多少供应商加过这个客户可以看出客户的真实度；客户的产品浏览次数可看出他的兴趣度；发出的有效询价可以看出询盘竞争程度，这个数越小越好；垃圾询价是告诉你他的诚信度；最近搜索的关键词直接可看出你们是不是适合。

以上提供的是客户 90 天的行为数据，你还要挖这条询盘本身。你去搜访客详情，直接把反馈的客户详情拉出来分析。

浏览量是告诉你客户看了你多少个具体页面；页面停留时长是告诉你他对你的兴趣有多大；总浏览量是告诉你他总共看了多少页面；浏览多少个供应商是告诉你他去了多少家供应商串门；对多少个供应商发起多少个反馈告诉你他发了多少封询盘；对多少个供应商发起咨询告诉你有多少人

和他聊天。

不过也有相当一部分客户不喜欢阿里巴巴的繁杂，他们会选择一条清净的路。

（二）谷歌

谷歌是高端会所，客户都是自己送上门来的，合作得好，客户就是你一个人的，谁也不用抢。我最喜欢的就是谷歌来的客户。我们主网和 SEO 网站的大部分点击和询盘来自谷歌。

（三）展会

展会是相亲沙龙，大家都花了钱来的，能多带点资料回去就多带点。大家的目的各不同，有来会会老朋友的；也有对老主顾不满来找新供应商的；还有些是来凑热闹的。

展会的客户质量都比较高，比较专业，但是不等于你去了就能拿到订单。你要做精心的准备，提供新产品、新技术等。年复一年带着老产品过去，不但不能带给客户价值，还要遭人白眼。当然，如果你主要的目的是周游列国或维护老客户，另当别论。

通过分析客户找到你的路径，也可以帮助你做出不错的判断，这个是第二个维度！

三、他住在哪里

大部分客户都会留下地址，有完整的，有不完整的，如果他没有留你可以去搜，或者去问。查到后把地址拿到谷歌地图里搜，把他公司房子搜出来，如果有谷歌街景，就顺便在他公司周边走一圈，看看风景也好。这有什么用？

第一，你大致可以看出客户公司规模，有几栋厂房，停车场大不大，停车位多不多。他是 OEM（Original Equipment Manufacturer，代工生产商）还是贸易商，你一下子就看出来，瞒也瞒不了。

第二，你可以看看客户所在的区域，间接判断客户的市场范围和容量，大多数客户做的都是本地生意。

我们公司有个客户很专业，说会订 10 000 台产品，要求我们免费送 2 台样机，我在谷歌地图里一搜，搜出来他的公司地址是山谷里的一个小木屋，我当场就知道自己被骗了。

通过查看客户的办公地址，可以直观地了解客户的真实性、规模和市场，这是第三个维度。

四、浏览客户网站，了解客户概况

登录客户网站了解信息是一定要做的事。客户也是做生意的，他也要在网站上展示自己，说服他的客户购买他的产品。网站内容包括公司介绍、产品介绍、应用介绍、新闻、联系我们等，你都要去看一看。

看看他的产品是不是和你的产品相关联，他是专业卖锅的，结果给你发了条丝袜的询盘总不太可靠。要么他增加了新品类，要么那个网站就不是他的。在网站上，你可以进一步明确客户公司的规模、专业度和采购量。还要关注他的网站有没有更新。许久都没有更新的网站，要么他太懒，要么他公司没发展空间，那你还有多少机会？你说客户没网站怎么办，去谷歌搜；谷歌也一点信息都搜不到怎么办，那只能靠你自己判断了。

网站是了解客户的最直接的信息平台，一定要好好利用，这是第四个维度。

五、尝试获取发件人个人信息

试着把客户的邮箱和联系信息放到Facebook（脸书）、LinkedIn（领英）或Twitter（推特）上搜一搜，或许你就搜出了他的隐私。Facebook上可以看到客户平常的生活轨迹、分享和喜好，LinkedIn上可以看到他的关系网，他的自我介绍、工作履历、同事和客户。有时你还能发现你的竞争对手也在他的好友名单上，此时，往好了说是这个客户的确有需求，往不好了说是其他供应商可能已经捷足先登了。

如果你想直接点，也可以试着去加他的Skype（Skype是一款免费的即时通讯软件）、Line（韩国互联网集团推出的一款通讯应用软件）、Wechat（微信）或Whats App（全称为Whats App Messenger，是一款用于智能手机之间通讯的应用程序），外国客户同名同姓的实在太多，你要小心不要加错。不过在没和对方确定合作关系前，不建议这样做。用社交网络结合潜意识营销会是未来开发客户的主要方向，社交网络非常有助于你深度了解和判断这个客户，如果决定开发这个客户还可以通过这些途径和他建立深度互动和营销，这是第五个维度。

六、发现客户询盘的潜台词

说完了上面五个维度，你已经掌握了这个客户很多的信息，包括这个客户的公司情况、市场规模、采购量级、质量要求、价格区间、竞争程度和个人喜好等，成熟的业务员已经可以判断要不要开发这个客户了。接下来让我们回到询盘上，分析下文字下面客户到底是什么意思。

询盘大致可分三种：一类客户询盘信息很笼统，大体就说对你的公司和产品，或某一大类产品很有兴趣，要建立联系。简单分析一下这类客户有以下几种可能：

（1）他很忙，不想花时间浏览你的产品，你要回就回；

（2）他也不知道自己要卖什么，先看看，顺手发几个询盘，反正不要钱；

（3）最近他也没什么着急的单子，先找些供应商备着；

（4）他闲得慌，想找人聊天，练练英语；

（5）他是个骗子。

另一类客户询盘相对比较明确，他会告诉你，他对你们某一小类的产品感兴趣，希望你提供样本或资料供他选择。同样我们来分析一下这类客户的心理：

（1）他花了些时间来看你的产品和公司，斟酌过并发了些询盘，你是其中一家；

（2）他要的就是这一类产品，发点资料给他，他会挑挑看，有合适的就要了；

（3）他手头有订单，但不急，如果你的产品、价格和服务都可以，他们就试试看。

最后一类客户需求非常明确，指名道姓要你某一款产品，或者发你图片和资料问你能不能提供类似的产品，这是质量最高的询盘。

（1）他仔细研究过你的产品和公司，你应该有能力提供他需要的产品；

（2）他就要这个产品，询盘只发了你一家；

（3）他单子很急，如果你能做，他会马上要样或下单。

记住一点，越是容易得到的东西人越不珍惜，付出的越多就越在乎。客户在你身上花费的时间和精力越多，你的机会越大，这是第六个维度。

全部六个维度分析下来，你肯定能判断这个客户有没有价值，是不是值得你付出精力。其实你还可以继续往下挖，不过挖太深会显得你很没风度。

如果你还不能判断，那我只好拿出绝杀技了。我叫它“傻瓜表”，碰到公司里最没悟性的业务员它才亮相的。不过好在现在还没人问我要过。表格如下。

你先给客户打分，最好的100分，合格的60分。60分以上的才有价值回复。表4－1是六个维度的评分标准，你可根据收集来的信息结合自己的实际匹配度进行打分。

表4－1

维度	评分标准	打分
国家分析	10	
来路分析	10	
地址分析	10	
网站分析	30	
社交分析	10	
询盘分析	30	
得分		

询盘都分析好了，不做的询盘你就直接扔垃圾箱，省心。值得开发的询盘接下来你就要想怎么给客户回复。有人说：“回复还不简单，我回了那么多年邮件。”我跟你说还真不简单！商场如战场，你得有解决方案再上。试着去了解对方，去收集点情报，去引导客户进入你习惯的节奏和轨道，而且要快。太莽撞会把人吓跑，慢了人家等不了。

Part 4 询盘回复：我知道的你不知道

在做完询盘分析后，你就要对有价值的询盘进行回复。很多人凭着习惯去回复，效果当然不会太好。今天我分享下我们公司的询盘回复思路和方法，希望对你有所借鉴。如果能结合询盘分析的思路一起用，那你就算出师了。

当你收到一封询盘，在做了询盘分析之后，对有价值的询盘，应该怎么回复？接下来我用我们公司的实际案例来分析。

> Hi,
>
> I'm interested in your product motor.
>
> I would like some more details.

以上是我们之前收到的一个客户询盘，询盘内容非常简单。他对发动机感兴趣，需要我们提供详细的资料。

我们对这个客户的询盘进行了六个维度的分析，发现这个客户相对还是比较可靠的（估分 75 分），所以我们决定给他回复，下面是回复的第一封邮件。

> Dear Mateu,
>
> Thanks for your inquiry about our DC motor.
>
> Before quote, your confirmation for below is required.
>
> 1) What's your application for this DC motor?
>
> 2) Did you use it before? If yes, can you share a picture or a drawing for our reference?
>
> 3) What's your estimated annual usage? And what's the quantity of each order?
>
> 4) Is there any certificate required?
>
> Here enclosed some pictures of our motor for your reference.
>
> Looking forward to hear from you soon.

猛一看这个回复也没什么特别，就是问了些问题。事实真的如此吗？我们来探究下。

“Thanks for your inquiry about our DC motor.”开头表示下感谢，显示我们有礼貌。

“Before quote, your confirmation for below is required.”第二句马上就明确告诉客户我们需要以下信息。被动式的语句告诉客户这个不能商量，必须回答，抢过对话的主动权。

接下来连续四个问题。

“What's your application for this DC motor? ” 因为发动机的范畴太大，我们需要压缩范围，所以第一个问题问的是应用范围。问应用范围有三个考量。

(1) 知道了应用范围就可根据我们的经验和现有产品做出初步判断，我们有没有做过类似产品。

(2) 如果我们没做过，可以马上利用这个应用范围关键词去找供应商，又快又精准。

(3) 收集和整理这个应用范围的关键词表，然后到阿里巴巴和谷歌上去发布，把这个应用范围的关键词一网打尽，客户已经告诉我们发动机会用到这个应用范围里，我们不发，太傻。

“Did you use it before? If yes, can you share a picture or a drawing for our reference?” 第二个问题是问他有没有用过这个产品，如果用过提供点资料。这里也有三个考量。

(1) 如果客户用过，让他提供图片或图纸参照，进一步缩小产品范围，明确客户需求。

(2) 如果他没用过，那说明这是一个新的需求，我们可以做两种想象：

① 因为是新的需求，所以他对我们能力的要求会高，但定价好定，利润好；

② 因为是新的需求，所以竞争对手不多，有可能只有我们一家。

(3) 让客户知道他下一步要做什么。很多时候客户并不清楚要怎么继续下去，有给客户带路的机会一定要用。

“What's your estimated annual usage? And what's the quantity of each order?” 第三个问题是年预计需求量和单个订单数量。

结合第二条问题的回复，这两个数据就可以让我们直观地做出判断要不要做这个询盘。举个例子，客户年定量是 2 000 台，每单 200 台，你做还是不做？有点难回答。如果是现有产品，你做还是不做？当然做。如果是要新开发的产品，那就不做。

开发一个新品需要投入很多的精力和时间，而且不一定能成功，不划算。把难做的订单给你的竞争对手做，这也是消耗竞争对手的一种办法。

“Is there any certificate required?”第四个问题是问客户有没有认证要求。这里有两个考虑因素。

(1) 避免浪费双方的时间。很多业务员谈到最后才确认这个问题，结果自己不能满足客户要求，白忙活一场。

(2) 侧面调研客户对质量的要求，间接引出他对价格的敏感度。有些客户可以接受国内检测机构出具的证书，有些则需要 TUV Rheinland（德国莱茵 TUV 集团）这种国外权威机构的证书。客户要求不一样，当然对价格和质量的敏感度也不一样。

四个问题，每一个背后都有专属的考量。它相当于是四个信息入口，等着信息流进来后进行分析。不同的询盘内容所对应的问题设置也是不同的，根据你的需要而定，想了解什么就问什么。这几个只是比较常用的问题而已。

有人说：“我可以列一大堆问题吗?”

想一想，如果你第一次和别人见面，人家列一大堆问题给你，你烦不烦?一次性问太多问题会让人反感，而且会导致邮件很长。邮件要尽量简洁明了，这样客户回复起来也快。

“Here enclosed some pictures of our motor for your reference.”问题问完了，接着我们主动给客户发了点图片和参数。

原因有两个，一方面证明我们的确有类似的产品或开发能力，另一方面也给客户一个心理暗示，回答完了我的问题，我还有东西给你。

只问问题是不行的，因为信息交流是相互的。你给我提供一点有价值的信息，我也给你提供点有价值的信息，你来我往交互沟通，信任和信心就是这样一步步建立起来的。

“Looking forward to hear from you soon.”最后，不要忘记提醒客户尽快回复，潜意识里给他一个压力，也为下一封跟进的邮件做好铺垫。

从整封邮件的内容来看，邮件简洁，主题明确，有问有答，然后配上专门设计的页眉和页脚签名，客户会觉得我们很专业、干练、可信赖。这种潜意识的好感会推动着他去继续探寻结果，这正是我们想要的。

邮件发出去，第一天客户没回。我们及时跟进，客户第二天回复了，内容还是很简单。

Hi,

1）The application is on linear actuator（for satellite）.

2）Pls suggest your equivalent against attach Maxon DC motor specs.

3）MOQ：500pcs/month &. Annual quantity 6 000pcs.

4）No，it's not required.

根据客户回复的信息，我们马上进行分析。

"The application is on linear actuator（for satellite）."

（1）客户的产品是应用在"linear actuator for satellite"（卫星线性执行器），这个我们之前也给其他客户做过，我们的把握又多了一分。

（2）给他回复邮件的时候可以试着推荐一些应用于类似设备的产品给他看，进一步增强客户对我们的信心。

（3）因为是用在OEM产品中，说明客户对产品质量比较看重。

（4）结合"linear actuator"和"satellite actuator"这两个词迅速进行关键词布局和发布。

"Pls suggest your equivalent against attach Maxon DC motor specs."客户回复用过这个产品，并提供了详细的技术要求，还告诉了我们具体的竞争对手是谁，很完美的三句话。

（1）说明客户对我们的信任度在上升。

（2）可以判定客户是想找替代的供应商。

到这里，我们需要深入地想一想，因为这儿又延伸出来两个问题。

（1）客户为什么想换供应商？他真正的需求是什么？质量？交期？价格？还是服务？这点我们一定要特别注意，如果别的供应商无法满足的条款，我们能否满足？如果不能，那这个订单也是不能接的。

（2）客户既然已经买过这个产品，那他肯定有个目标价，客户到中国采购和在其他地方采购的心理价位是完全不一样的。我们要试着去收集这些信息，来为后续的报价做参考。

"MOQ：500pcs/month &. Annual quantity 6 000pcs."显然，这个数量在我们可接受的范围内，所以这个订单可以继续谈。其次，我们做报价单的时候可以直接按这个数量核价并备注，客户不会有异议。

"No，it's not required."

客户对认证没有要求。刚好我们这类产品也没有认证，交易可以顺利进行。这从侧面也说明客户公司做生意相对比较灵活，不像其他某些公司规定那么严格，后续沟通会相对容易。

结合上面的分析，我们给客户回了邮件，提了三个问题。

(1) I heard that Maxon's delivery time had some problems recently, is it correct?

(2) Is this reason that you want to change suppliers? Or any other problems, like price/quality ?

(3) Do you have target price?

提出这三个问题，我们的考虑如下。

"I heard that Maxon's delivery time had some problems recently, is it correct?" 第一句我们用假设性判断和客户分享了一条信息，是不是竞争对手交货期有问题？我们知道，一般欧美供应商的产品质量都不错，但交货周期挺长，所以可以用这个做引子。

如果客户原来从中国购买，我们就会换成是不是对方产品质量有问题？我国产品的交货期一般问题不大，出问题就在质量上。我们也可以直接问是不是价格太高了所以要找新供应商？不过这有点太直接。

"Is this reason that you want to change suppliers? Or any other problems, like price/quality ?" 前面只是试探，这一句话直接让客户选择，他为什么要换供应商？是因为价格、交货期还是质量。我要挖出他真正的需求点。问问题的时候一定要用选择题，让客户选，而不是让他自己想。

"Do you have a target price?" 这一句才是我们真正要问的。既然客人已经从别的地方买过此种产品了，现在换供应商，客户肯定有个目标价。

客户很快回复了邮件。

(1) Yes you are right, they are facing some problems with existing.

(2) Our tgt. Price is 37USD.

(3) So request to match our target price, so we can proceed further for sample approval.

注意这里客户用了个 "Yes you are right"，我们的预判直接击中目标。这可以看出，仅仅来回两封邮件，客户就已经很信任和认可我们的专业能力了。信任了，就简单了。接着客户直接告诉了我们他的目标价是 37 美元，而且他还要求要样品。

这里有一个信息我们要注意，客户既然关注的是交货期，我们就要评估我们能否做得更好。如果客户说是产品质量问题，那我们就要评估我们的产品质量是不是能做得更好。如果不能，那这个订单也是不能接的。

接下来我们要不要问客户中意的交货期是多久？还有要不要按客户的目标价报价？这些就不写了，太细了。我给你分享了一种思维方式和方法，你要自己去领悟和思考。

最后再分享几点询盘回复时的注意事项。

（1）多问问题。问问题是为了收集信息，方便你做分析和判断。

（2）问问题要有层次、有目的。

（3）及时跟进。

（4）如果可以，尽可能让客户做选择题。

（5）有些问题客户可能真没答案，那就绕开到其他问题。

（6）邮件尽可能简短，条理清楚，主题明确。

（7）一旦发现你无法满足客户要求，要及时结束谈判，不要浪费双方的时间和精力。

很多时候你给客户的第一印象比做生意重要，当客户觉得你专业、干练和可信赖时，这次不行下次还会找你询价，毕竟他脑海里留着你的好印象。

Part 5 完美的邮件防攻战

▼时间：2015. 08. 10 15：23，收到客户询盘，如图 4－1 所示。

Hi,

We are OEM manufacturer of auto systems.

Currently we are interested in motors accordingly to the table which is in attachment.

Therefore please find out the analogues and add it to the table.

Then we will discuss the prices.

图 4－1

我马上核实了客户所在国家、询盘来源、客户公司网址、地址等信息的真实性，确认了客户是目标市场一家较大的 OEM 制造商，是我们的目标客户。客户在邮件中发了具体的采购型号单，一大堆的型号，而且数量不一。评估下来，我需要先确认其他几个问题，然后决定要不要报价。

▼时间：2015. 08. 10，15：43，回复发出，如图 4－2 所示。

Dear X ,

Thanks for your inquiry. Most part of your models can be supplied.

About motors , a couple of questions as below :

1. Did you use Z or other China brands before ? Why change? Price, service or quality problem?
   We hope to know what we could do better if we cooperate.

2. How many pieces do you need each month or each year?

Attached is our model X for reference firstly.

I will send you more details and catalogues after confirmation.

图 4－2

根据客户的邮件，我们设置了一些我们想知道的问题，整封邮件架构如下。

（1）感谢客户邮件，并告诉客户我们可以提供大部分型号的产品，给客户信心。

（2）直接问客户之前有没有从中国购买过这个产品，了解客户对价格的敏感度。

（3）既然是现成型号，肯定有原供应商，这里我们就要知道他为什么想换供应商，是原供应商的产品价格、质量还是服务不好。进而来评估我们是否能满足客户的需求。

（4）告诉客户我们了解这些是希望可以做得更好，给客户植入对我们的信任感。

（5）问客户每个月、每年的采购数量，为报价做参考。

（6）附上一个我们类似产品的型号，作为信息交换，增加客户信心。

（7）告诉他收到他的回复后我们会提供所有信息，引导他回复。

整封邮件没有一句废话，直截了当，给客户灌输一种专业感。

▼时间：2015. 08. 10，15：50，客户回复，如图 4 – 3 所示。

Hi,

Z and E are our long term partners. We never used any China's motors.

Actually we don't change our suppliers, we need to offer something cheaper but still high quality.
I already sent the request to different suppliers and have some answers.

We are ready to buy more than 35 000pcs in year in total.

So I kindly ask you to fill in the table with the price for each model.

So I'll make a decision.

图 4 – 3

根据客户回复的信息，我们做一些分析。

（1）客户有固定的合作伙伴，但从没在中国购买过，可见客户原来购买的产品价格较高。

（2）客户想找更高性价比的替代产品，同时他还说他也发询盘给了其他供应商，这有助于我们评估竞争情况。可见客户对我们很信任。

（3）客户采购的总数量知道了，报价可按此参考。

（4）客户催我们报价，可见通过第一封邮件，客户对我们建立了信任，有了期望感。

▼时间：2015. 08. 10，16：20，我们回复客户邮件，如图 4 – 4 所示。

Dear,

Thank you for kind information.

As you mentioned, small motor will be in need.

So please check attached comparison file and our motor datasheets firstly.

图 4 – 4

根据上面所有收集到的信息，我们给客户报了价格，这个价格是他可能接受的价格，来验证我们的判断。

▼时间：2015. 08. 10，16：31，客户回复，如图 4－5 所示。

> Hi,
>
> We need some samples to test.
>
> Moreover, we should discuss the price as it is quite expensive especially in comparison to Z offer.
>
> It needs about 20% price decreasing. So it is no reason to buy it from China.

图 4－5

（1）客户明确说需要样机测试。

（2）客户直截了当说我们的产品价格太贵，降 20% 还差不多，否则他不会买，客户的底细我们终于摸清了，关键点也到了。很多业务员收到这样的邮件就不知道怎么办了，价格做不下来。一种人会不断讨价还价，另一种人会放弃。

我们的业务员从 8 月 11 日一直到 14 日一直围绕价格问题和客户沟通，客户回了两封邮件之后，就干脆不回了。于是，他来问我。综合所有的信息，我们确定下来的目标是让客户测试样机，先绕开价格这个话题。因为有之前的信任感在，所以我们发出了如图 4－6 所示的这封邮件。

▼时间：2015. 08. 17，18：20。

> Dear,
>
> We suggest you may test some samples from different China suppliers firstly. You also know that there are different kinds of manufacturers in China. Quality, price, service, delivery, etc. all these will be different.
>
> So we suggest you could choose and test different samples from different suppliers. Then you can compare.

图 4－6

这封邮件完全是站在客户立场上给出的解决方案，换位思考，间接体现我们对产品的自信。

（1）建议客户测试所有供应商的样机。

（2）不同的供应商质量、服务和价格都是不一样的。

（3）客户可以比较不同供应商的产品，然后做出决定，不一定要选我们。

▼时间：2015. 08. 17，18：30，客户回复，如图4－7所示。

Hi, Good afternoon,

Prepare a PI, please. We want to get a few samples for testing.

I will prepare the contract and send it to you.

图4－7

客户回复的邮件显示出我们判断准确，客户很认同。

（1）客户让我们发PI，同意测试样机。

（2）他马上发合同过来。

PI、合同都确认好了，客户准备付钱的时候，突发情况，采购员说有一个型号的产品价格算错了，实际价格要高一倍。怎么办？我们召开了紧急头脑风暴，制定最佳方案。

▼时间：2015. 08. 20，15：15，我们发邮件，如图4－8所示。

Dear,

Bad news. About price, we made a mistake. Model A 's bulk price should be 210 USD/PC, not 120 USD/PC sorry. But for sample, we will still keep the charges based on 120 USD/PC, no change.

Good news. About sample shipment, we found a cheaper agent.

The charges will be 450 USD only, not 820USD. See attached new invoice.

If choose to ship by sea, we would accept MOQ 50pcs per model and keep the same price, 3 models, total 150pcs.

图4－8

根据所有的来往邮件，我们挖掘了一个最佳的沟通方案，目标依旧是让客户测试样机，并尽可能淡化客户因为我们价格报错产生的反感。方案如下。

（1）先告诉客户好消息，因为之前客户觉得样机DHL运费太贵，于是，我们另找了一家代理，虽然速度慢一半，但价格便宜一半，客户肯定开心。

（2）透露部分坏消息，让客户有心理准备。坦白说有一个型号价格核错，目前正在重新核算价格，晚些会更新给他。如果客户下样单，样品费还是按老的价格，有好有坏有期待。

（3）因为之前客户顾虑 DHL 运费太贵，提出过直接下试单。如果价格不核错，那试单应该是当前主打目标。现在则要避免客户下试单，所以放在最后。客户如果接受第一项，就不会考虑第三项。顾虑第二项，也不会考虑第三项。

本来我和业务员沟通的方案是这样的，结果业务员没完全理解。邮件发错，直接把坏消息放最前面，而且直接标出了新价格（如图 4－8 所示）。

我上了个洗手间，业务员邮件已经发送。我一看，就告诉她这个客户基本丢了。她问我为什么，我说你把他引导到坏的方向去了，他只有这一个坏情绪，之前所做的所有努力都白费了。

▼时间：2015. 08. 20，15：32，客户回复，如图 4－9 所示。

Hi,

The updated price is more expensive than Z ,

With the price 210USD we can deal with you in high quantities, but with updated price

it is almost impossible.

图 4－9

果然如我判断的，客户只盯着这个型号的价格，其他型号谈也不谈。其实上封邮件给客户最大的伤害是他对我们的信任感被破坏了，而且是被我们自己破坏了，一旦信任感被破坏就很难挽回。

后来几天我和业务员一起讨论并尝试了很多方案，连续几天，客户都不回复。直到最后一个方案再次打动客户。

▼时间：2015. 09. 10，15：32，客户回复，如图 4－10 所示。

Hi,

Sure, we want to test all the fans we are interested in.

We need deeply reconsider the price.

Also I need pictures of your factory , more information about your company.

图 4－10

客户回复需要我们发工厂的介绍、照片等所有资料给他。

客户从原来什么都不需要就要下样单和试单，到现在需要这些额外的资料，变化有多大!

现在我们回头来理理这整个过程，就会发现判断和引导有多重要。

客户是顺着你的思路和设定的目标一步步走的，主动权都掌握在你手里。但是如果自己走错了一步，就很难弥补。有时它带来的结果不是错失一个订单，而是错失一个机会和一大笔生意。更为重要的是，我们有没有这种思维和意识！邮件回复、沟通和打仗没什么区别，情况瞬息万变，表面比的是技巧，实则比的运筹和谋略。

这才是我想要表达的。

Part 6 史上最强的关键词收集方案

我们都知道关键词很重要，不管是红海词，还是蓝海词，你的关键词越精准，你被搜索到的机会就越大。所以如何找到这些词就显得尤为重要。

我一般从以下几个方面收集关键词。

一、行业主词

其实这个不用多说。任何一个产品都有行业的通用称呼，只要你做过销售就都知道。比如 Led light，还有它下面的行业主词 Led flood light，Led panel light 等。有人说我刚开始接触这类产品，真不知道它准确的称呼是什么。那你可以去阿里巴巴和谷歌上搜，根据图片去锁定同类产品，然后根据大多数人的描述去锁定这个主词。

确定了行业主词后，就需要开始扩充关键词数据库了。

二、谷歌广告词数据库

谷歌是我的最爱。打开谷歌广告词工具，注册邮箱登录账号，然后进入关键词搜索页面搜索“Led light”，出现如图 4－11 所示页面。

（1）你可以选择搜索的区域，比如美国、英国，想搜哪个区域就搜哪个

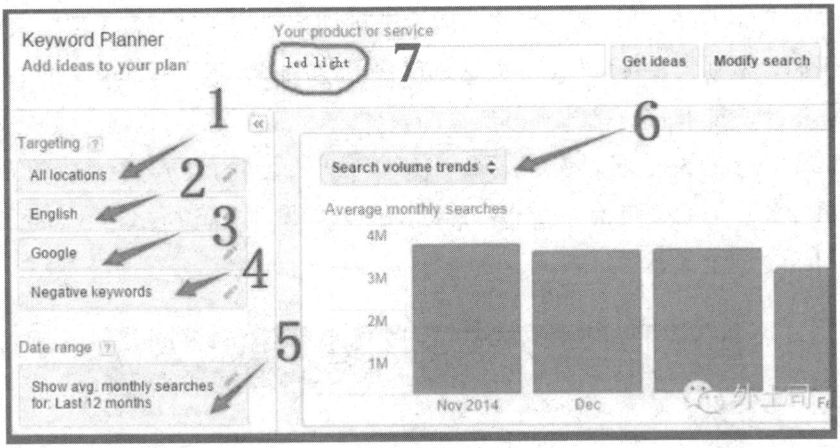

图 4－11

区域。系统默认是搜索全球的。

（2）可以选择搜索语言，英语、西班牙语、葡萄牙语、汉语都可以。

（3）可以选择谷歌的数据库，或者谷歌及合作伙伴的数据库。

（4）可以过滤你不想要的关键词，就是你希望搜索结果里不包含的那些词。

（5）可以选择搜索结果的展示月份以及每月的搜索热度图，它和阿里巴巴最近 12 个月的热搜词差不多。

这些选择功能对于关键词的精准搜索是非常有用的，对你做市场调研、判断、分析等也都很有帮助。

再看图 4－12 的搜索结果。

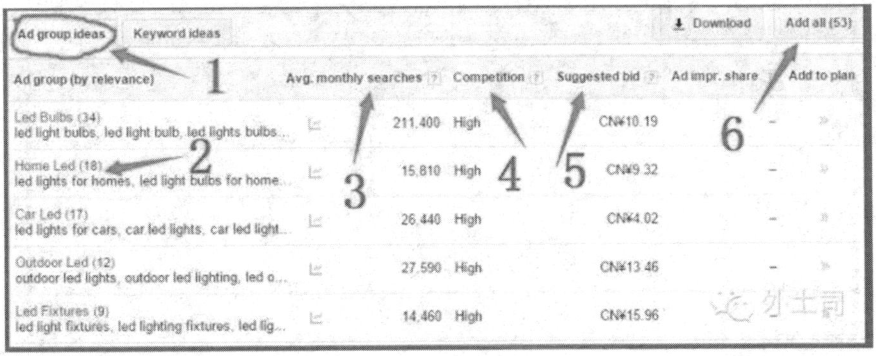

图 4－12

（1）"Ad Group Ideas"，意思是组合关键词数据。就是包含了搜索关键词的词组们，例如"Led Bulbs"，意思是包含了"Led + Light + Bulbs"的热门搜索词。这个功能非常厉害和实用。

（2）具体的组合词列表。例如"Home Led"，显示有 18 个热门组合词。你把鼠标放在上面会跳出一个非常详细的图，如图 4－13 所示，它会把这 18 个热门组合词全部显示出来。

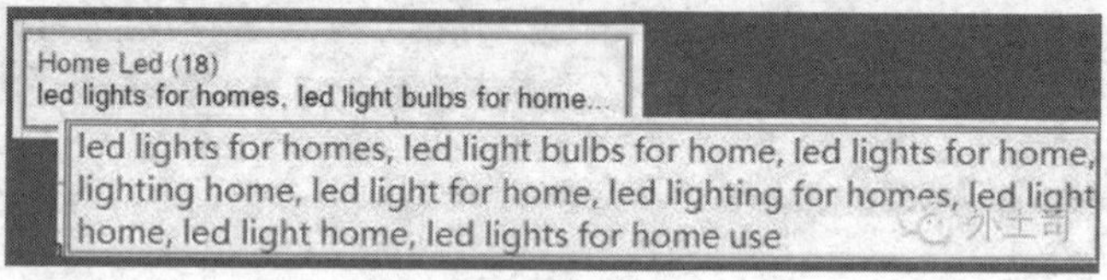

图 4－13

（3）平均每月搜索热度，也就是这 18 个词组每月的热度总和。

（4）谷歌判定的卖家竞争度，分高、中、低三个等级。

（5）参考的出价水平。因为谷歌是按点击收费的，这里给了你大概的关键词竞价参考值。

（6）"Add all"告诉你总共有 53 个词组合，如"car + led + light""Outdoor + led + light"等，你可以根据你的需要收集这些关键词。

在"Ad Group Ideas"边上，还有一个"Keyword Ideas"，单个关键词数据，如图 4－14 所示。和刚刚组合词点进去一样，点击它出现的是单个词数据，更直观。

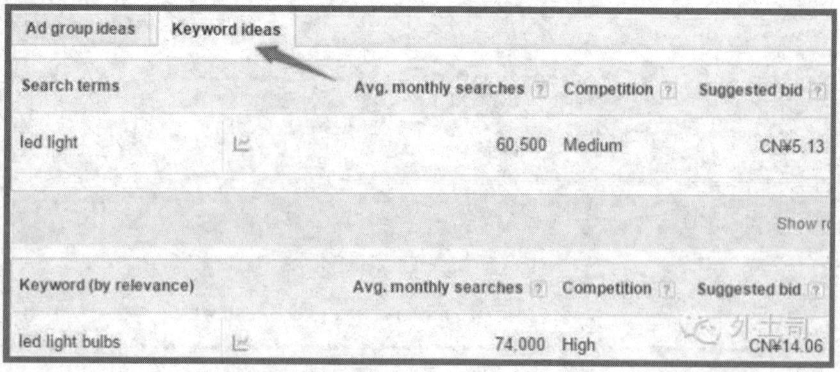

图 4－14

三、阿里巴巴热门搜索词

B2B 平台后台的数据库非常有用，这里就分享阿里巴巴的数据库。

在阿里巴巴后台的热门搜索词工具里输入行业主词“led light”，里面有卖家竞争度、橱窗数、搜索热度和过去 12 个月内搜索热度数据，如图 4－15 所示。这些数据都是平台实打实的搜索数据积累起来的，相对于我们自己从其他渠道搜集的词，更有参考性。

led light

关键词	卖家竞争度	橱窗数	搜索热度（10月）	过去12个月内搜索热度
led light	7987	1305	43000	
led light bulb	2822	468	16000	
led flood light	2631	847	16000	
led panel light	2814	1069	15000	
led light bar	2061	301	14000	
led street light	2243	837	11000	

图 4－15

下面，我分享些整理这些词的方法。

（1）如果你不能判断所有的词到底是不是自己卖的产品，那很简单，把每个词放到阿里巴巴主页或谷歌图片里去搜，一一来验证。验证关键词和产品图片是一致的，就把关键词纳入你的关键词数据库。

（2）有些人说关键词太多了，一个一个验证要验到什么时候。那就用傻办法，全部复制下来，到时候全部发，宁可错发，不可放过一个。

（3）复制的时候我建议大家把数据都复制下来，不要只摘录第一列的关键词。为什么要这样？有这些数据做参考，会对后续的关键词运营有很大帮助，谷歌也一样。比如你可以根据搜索热度来划分，假如以 80 分为基点，80 分以上的关键词全部收集，80 分以下的不收集。

（4）教大家一个快速复制和整理这些关键词的方法，整页整页地复制到

Excel 表里，自上而下粘贴，全部粘贴完了后，在 Excel 表格里把格式调整下就好了。粘贴的时候你会发现原来图标部分的数据会变成文字，如图 4－16 所示。这样做效率高很多。

				过去12个月内搜索热度											
关键词	卖家竞争度	橱窗数	搜索热度	11	10	9	8	7	6	5	4	3	2	1	12
led light	7987	1305	43000	62000	56000	60000	43000	59000	38000	37000	41000	43000	48000	45000	43000
led light bulb	2822	468	16000	18000	17000	22000	17000	12000	12000	12000	12000	13000	11000	11000	16000
led flood light	2631	847	16000	10000	11000	10000	6000	12000	12000	13000	11000	12000	15000	17000	16000
led panel light	2814	1069	15000	12000	13000	14000	9000	15000	14000	15000	14000	18000	17000	15000	15000
led light bar	2061	301	14000	22000	23000	20000	12000	14000	11000	9000	11000	9000	10000	9000	14000
led street light	2243	837	11000	10000	10000	11000	7000	11000	12000	12000	13000	15000	16000	13000	11000
led bulb light	2456	418	8000	9000	10000	10000	6000	9000	6000	3700	4600	[illegible]	[illegible]	4600	8000
flash led light	853	44	8000	840	510	600	420	1100	1300	4300	10000	10000	[illegible]	13000	8000
led grow light	1336	174	8000	9000	9000	10000	7000	9000	8000	8000	7000	8000	8000	8000	8000

图 4－16

四、阿里巴巴的“我的产品”功能

在后台数据管家的知已里点击“我的产品”，里面有所有你发布产品的曝光、点击、访客和词来源等数据，如图 4－17 所示，其中这个词来源工具可以帮助你扩充关键词数据库，例如“brushless motor”这个产品。

访客	反馈	反馈率	词来源
154	8	5.19%	brushless motor（3705） More

图 4－17

词来源下面有个“More”，点击这个“More”会出现所有曝光的来源关键词，见图 4－18。

词	曝光	点击	外贸直通车曝光	外贸直通车点击
brushless motor	3705	28	3204	21
bldc motor	1573	18	1248	13
brushless dc motor	646	1	340	1
dc brushless motor	247	1	220	1
high torque low rpm elect...	166	9	0	0

最多展示30个词　1 2 3 4 … 6

图 4－18

你发布的产品会积累很多的曝光关键词，有一些是你已经整理过的，有一些是新出现的，阿里巴巴会保留一个月的数据，你可以每周或每月去整理一次，把有用的关键词收集下来。

再分享一条，看到图 4－18 中那些有点击的关键词没有，那可是绝对的干货关键词，要重点关注的。

五、阿里巴巴的“访客详情”功能

在阿里巴巴后台的数据管家的“知买家”里点“访客详情”，里面有所有访问过你网站的客户信息，其中有一条叫常用搜索词，它可以直接帮助你从客户常用的搜索词中收集关键词，这个也非常精准，见图 4－19。

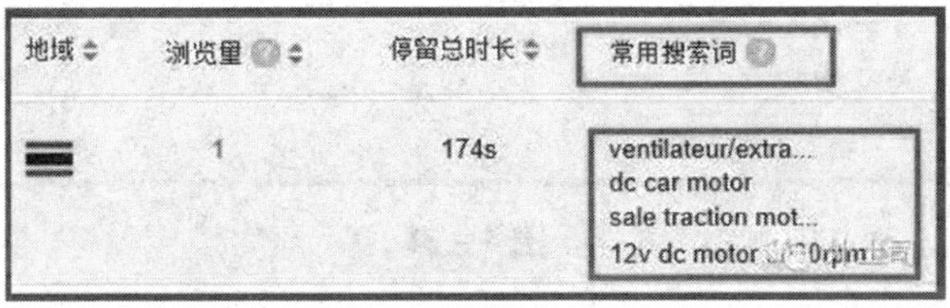

图 4－19

六、阿里巴巴询盘页面

阿里巴巴后台的询盘页面可以收集所有给你发询盘的客户的常用搜索词，见图 4－20，你可以从中整理出新出现的关键词。虽然，这些关键词可能会和访客详情里的关键词重复。但因为它们是发询盘的客户常用的关键词，所以，这里面可能就有询盘关键词。

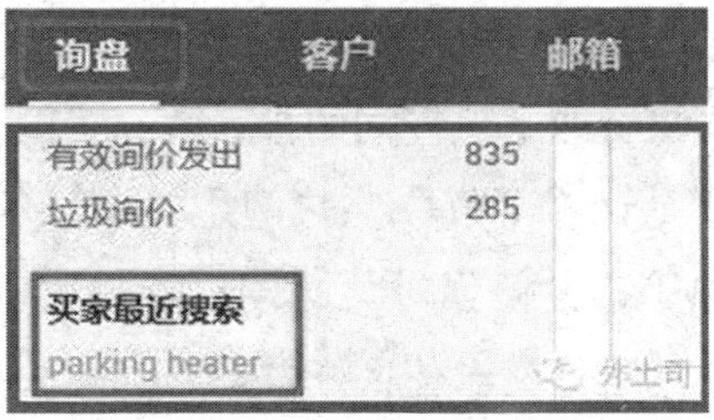

图 4－20

所谓询盘关键词就是转化成询盘的那些关键词，这可比点击关键词宝贵得多。建议你定期从访客详情和询盘页搜集、整理有用的词。

七、阿里巴巴行业视角

在阿里巴巴后台的数据管家的“知行情”里点“行业视角”，添加完你产品所属的一级行业后就可以进入淘词里查看关键词数据，见图 4－21。

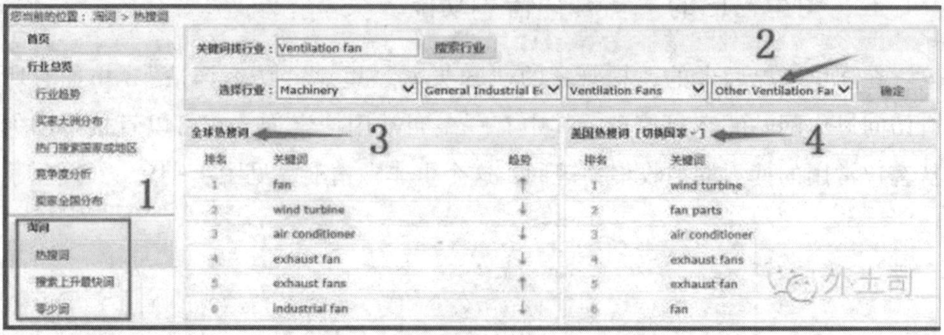

图 4－21

这里有几个地方要注意。

（1）淘词这里的热搜词是指该行业下的所有关键词的热搜排名。搜索上升最快词是指一周内该行业下排名上升最快的词。零少词其实就是蓝海词，或者叫冷门词，客户搜得比较少的词。

（2）“Other Ventilation Fans”这里的数据只针对行业，而非主关键词本身，所以并非那么精准，需要自己去筛选。行业的选择其实就是你发布产品时的类目，有些是三级的，有些是四级的。

（3）界面中间的“全球热搜词”是在全球区域热搜的词。

（4）界面中间偏右区域是可以选定国家或地区显示该国家或地区的热搜词的，例如你想看美国该行业下热搜词的排名就选美国。

行业视角数据主要是让你了解一些热门主关键词的变化，这段时间哪个词变热了，哪个词不热了，方便你对关键词运营进行调整。当然，如果你前面的 4 点都整理过了，到这里就没什么好整理了。

谷歌和阿里巴巴这两个平台是关键词收集的主要平台，必须运用起来，但是，还有一些其他的途径也万万不可错过。

八、客户邮件、网站和面对面沟通

平常收到客户询盘、邮件和文件的时候，你要留意邮件内容中客户不经意留下的关键词。因为每个客户可能对该产品有不同的习惯叫法，有些词就是他那个区域常用的，收集起来发布就特别有针对性。

平常去浏览客户网站的时候也一样，要顺便留意客户对该产品、应用、规格等的描述，可以提取关键词来发布。因为客户的描述有时才是最专业和正确的。

面对面沟通、拜访的时候，有意识地和客户交流他对产品的称呼、他习惯搜索该产品用的关键词，以及他那个区域对该产品的习惯称呼。这些词直接来自于你的客户，都是非常有效和精准的词，要多加整理。

九、竞争对手平台网站和官网

有时候你实在觉得没地方整理关键词了，就去平台上搜竞争对手的关键词，你有那么多竞争对手，你就去看他用了哪些关键词，然后，把它们整理下来，这个数量可就非常可观了。如此多的经验被你搜集起来，哪怕你是个新手，你的业务水平的提高都可一日千里。

既然你可以去客户的网站搜关键词，那竞争对手的网站当然也可以去搜关键词了。

最后，我说说关键词收集时的注意事项。

（1）日常积累非常重要。以上分享的这些途径有些你可集中时间整理，有些只能靠日常留心收集，特别是与客户相关的关键词，看到了就要收集下来。

（2）定时整理，及时发布。关键词收集起来后还要用表格进行筛选和整理，然后及时发布。因为越早发布，你就可能越早被客户搜到。

（3）要形成差别。有些关键词你整理、发布了，而别人没有，你就比别人多一个机会和可能。这就是你和别人的不同之处，差别就是竞争力。

（4）用心和坚持。冰冻三尺，非一日之寒，不积跬步无以至千里。其实人和人的差别很小，有心的人时时在意处处留心，再加上坚持，他做着做着就比别人优秀了。

第五章

客户管理那些事儿

Part 1 如何系统地跟进和管理客户

每天好多人在微信上问我问题，其中有80%的问题集中在如何跟进客户。

关于跟进客户，很多人会分很多的类别和情况。我没有，我只把它分为两种情况。一种是新回复，另一种是老客户。

一、新回复

什么叫新回复？就是收到客户邮件后回复的第一封邮件。

邮件只是沟通的形式之一，除了邮件，沟通渠道还包括电话、Skype、WhatsApp、微信和QQ等，通过这些渠道回复客户的内容也都算。

有人会说："那很多啊，我每天收到很多客户的回复，也回复很多客户。"没错，互动时你回复的那封邮件，也叫新回复。比如回复的第一封询盘邮件，和客户沟通价格的邮件，和客户沟通参数的邮件，和客户沟通付款方式的邮件，和客户沟通出货的邮件，和客户沟通产品质量的邮件，和客户沟通后续订单的邮件，等等。

这些邮件有两个共同的特点，第一是客户给了你信息，第二是你需要客户的回复，所以你需要跟进，直到收到你想要的回复。

那对于新回复，我是用这个方法跟进的，1-1-2-3-7-7-15。它是什么意思？就是我跟进客户的频率和时间间隔。

第一个1是我给客户回复的那封邮件，后面的都是跟进的邮件。打比方，我1号给客户回复了邮件，2号没收到客户回复，我就会继续跟进一封邮件，这里就出现了第二个1，间隔1天。3号还是没收到客户回复，那我就会在4号再跟进一封邮件，这里就出现了第一个2，间隔2天。5号还没收到客户回复，那我就会在8号跟进一次，这里就是第一个3，间隔3天。

在前面4封跟进邮件之后客户都没回复，那接下来的跟进时间间隔就会延长了。我会在15号再跟进一次，就是第一个7，间隔7天；再之后，还会间隔7天跟进一次，就是22号，第二个7；再往后，我会间隔15天再跟进一次，就是第二个月的7号，最后的数字15。

也就是说，如果一封询盘客户没回复我，我会连续跟进7次，而且是由紧到松。前期要跟得紧是因为客户仍然对这个项目、对我有印象，要趁热打铁；后期跟得松，是考虑到不要给客户太大压力以免造成客户反感。

这种跟进方式就是既能表达你的诚意，同时避免有骚扰之嫌。更重要的是它不会让你漏过任何一个可能的机会。

这里只针对不太紧急的情况，如果涉及已经合作的样单、订单的付款等事宜，一般邮件会跟进到第二个2，然后就会采取打电话的方式了。当然，如果有客户的Skype、WhatsApp等，早就发消息去了。

具体情况还是要具体分析和处理。

二、老客户

什么是老客户？就是没项目进行的，堆在你客户资料库里的沉寂的客户。

大部分公司都是有老客户资源库的，大部分的业务员也有。我们每天都想着去开发新客户，殊不知，老客户资料库也是宝贝。

怎么跟进，怎么维护老客户？30－60－90－120－180。

一个月，两个月，一个季度，四个月，半年，跟进一次。

这里跟进的标准是什么？就是客户分级管理。

有人说，180天半年跟进一次的客户还有必要分级建档吗？

你为什么要给客户建档，为什么要给客户分级，并投入与之对应的精力和时间去维护，那是因为你认为有对应的可能性会与他们做生意，会成交。那么，1%的概率算不算概率？有人说，我愿意失败1 000次，只要有1次成功的概率都可以，这个概率是多少，千分之一。千分之一你都愿意，百分之一怎么能不愿意了呢？

客户的生意不是今天没有，以后就都没有了的，目标要放长远。机会也不是时时都有，不过你依旧要准备好才行。

Part 2 客户分类管理维护的具体方法

进行客户分类管理之前，你需要明白你为什么要进行客户分级，如何进行客户分级，怎么判断，怎么进行管理，如何进行维护，这是战略，而客户跟进管理表则是个战术。

我们先来了解下战略问题。

一、为什么要进行客户分级管理

客户分级管理的意义在哪里？我经常和业务员们说："你自己要算一笔账，这个客户你跟了多久，花了多少时间，费了多少精力，得到多少收获和收益。它和你的付出有没有成正比？"

你有没有考虑过这个问题？

工作是有成本的。公司投入的资金（工资只是一小部分），以及对应的风险收益；你个人投入的时间成本和对应的风险收益。既然公司和你个人都冒着风险投入金钱和时间，那工作一定是要讲究收益和回报的。没收益和回报的工作，只有两个结果，要么公司倒闭了，要么你被解雇了。

既然付出要有回报，那首先你就要对你的付出进行量化，哪些客户你需要付出多一点，哪些客户你付出少一点也可以，哪些客户你只要付出一丁点。这和人际关系学是一样的，现在叫社交。你不可能和所有的人保持亲密关系，与不同人的相处肯定是要有区别的。

每个人的时间和精力都是有限的。工作时间八个小时，就算你加班，一天十二个小时，就算你单休，一周六天，就算你年轻，从二十五岁到三十五岁，疯狂工作十年，你能有多少创造财富的时间和精力？我还没算假期，没算结婚，没算照顾孩子，没算家里有事，等等。

每次公司有新进的女孩子，我都会对她说，她能全身心奋斗的年限只有3～5年，就在她生孩子之前，之后她得分些精力为孩子为家庭奋斗。这是实话，妈妈的角色谁也代替不了。男人在这方面可能会稍微好一点点。

既然可以为自己创造财富的时间和精力那么有限，那有效率地管理和分配自己的时间和精力就变得尤其重要了。好钢要用在刀刃上，把时间和精力花费在那些能帮助你成功的客户身上。

在每个客户身上需要花费的时间和精力是可以提前预算的。这就是客户分级。

二、如何给客户进行分级

客户分级不是小事，它决定了你在不同客户身上要投入的成本、时间和精力。这里分享下我自己公司的实际操作经验。

（一）A 级，订单客户

有些人有老的订单客户，有些人没有，但是慢慢每个人都会有积累。这些老的订单客户是你的基础，也是你奋斗的目标，所以不管花多少时间和精力来维护都是值得的。

很多人说他没有老的订单客户，所以一直很慌，都在开发新客户，每天心都是飘着的，压力很大。月底了他看着同事们不怎么开发客户，但老客户几个返单下来他们轻轻松松就完成了任务，拿到不错的收入，他特别的羡慕。我真的很能理解这位土友的心情，大家都是这么过来的。

经常也有人和我说："某某和我说应该重点开发新客户，老客户只要简单维护就好了，好说话，跑不了。"我说："谁告诉你的?"她说老板和某某讲师。这简直太误人子弟了。

老的订单客户维护好的前提下，你才可以去做其他的事情。

（二）B 级，样单客户

订单客户维护好了，接下来的时间和精力放在样单客户上。

样单客户是订单客户的前身。我们都说数据有个转化率，样单客户也是一样，你积累的样单客户越多，转换为订单客户的概率也就越大。所以守护样单客户，是非常值得投入时间和精力去做的事。

样单客户维护好的同时，再多出的精力就可以开发重潜客户了。

（三）C 级，重潜客户

什么叫重潜客户？就是你分析判断下来认为他有重大开发潜力的客户。怎么分析和判断客户是否有潜力呢，你可根据客户所在行业、国家或地区，公司网站，来往邮件等方面来权衡。具体方法可以参看第四章 Part 3、Part 4、Part 5。

有时候你也可以无厘头地划分重潜客户，就凭感觉。有经验的老业务员就会这样做，他们什么都不用分析，凭感觉就可以判断客户是否有潜力，这个需要慢慢积累。

重潜客户分级好之后，就要开始给普潜客户建档了。

（四）D 级，普潜客户

普潜客户就是一般潜力客户。

这类客户的需求匹配不像重潜客户那样明确和对口，但是这些客户也会有不定期的需求，而且数量会比重潜客户多。如果不进行系统化的维护和跟进，丢失了也会非常可惜。所以花费部分的精力和时间去维护普潜客户是很有必要的。

或者说，我们绝大多数业务员在完成了 A、B、C 三级客户维护后，主要的精力都要放在普潜客户的再开发和维护上。

普潜客户建好档后，接下来就要对无潜客户进行归类了。

（五）E 级，无潜客户

无潜客户就是你认为的无潜力的客户。他们也包括之前你认为有潜力，后来认为无潜力的客户。有人问，既然是无潜力的客户，那为什么还要花时间整理和维护呢？这话是有道理的，但是这里也有一个前提和一个经验。

一个前提是你是不是有足够多的潜力客户在维护，如果是，那么无潜客户可以不用统计直接放弃就好。如果你没有那么多潜力客户，我还是建议你管理和维护无潜客户。有事做总比没事做好，有针对性做事总比盲目做事好。

一个经验就是我工作那么多年，事实证明无潜客户里也是有金子的，我有时候也会看走眼，无潜客户里我就成功开发过多个订单客户。你永远不知道有些客户是什么时候消亡的，有些客户是什么时候复活的。

从 A 级到 E 级，一个业务员最大的财富是什么？就是他的客户数据库，光有质是不够的，还要有量，这叫基数。日积月累的庞大客户数据库就是你的底气和地基，那时候你就不会说你没事干了。

客户分完级后，你就要投入相应的时间和精力去维护了。这就叫有的放矢，把火力投放到最想要攻占的阵地，夺取相对最大的胜利。

当然，投入也是要区别对待的。

三、客户分级后如何维护和跟进

不同级别客户的维护重视程度和跟进频率都是不同的。我倒过来进行分享。

对于E级无潜客户，我们公司设定的跟进频率是六个月一次，也就是一年两次。这是公司要求，业务员还可以自己设定，看你自己的繁忙程度和计划，也可以五个月一次，四个月一次。

跟进一次无潜客户要花费多长时间我们是计算过的，对于无潜客户我们不需要讨论专门的预案，也不需要回顾之前的来往邮件，也就是说我们建个模板就可以维护。发封邮件给客户大概两分钟，所以给这个客户的精力和时间是一年四分钟。

对于D级普潜客户，我们公司设定的跟进频率是三个月一次，就是一年四次。因为我们不知道这些客户什么时候会出现需求，所以三个月一次的提醒是必要的。

跟进一次普潜客户要花费的时间我们也是计算过的，大概四分钟，我们要去简单回顾一下与客户来往的邮件，然后直截了当地提出需求问询。因为过了三个月了客户可能根本不知道你是谁，直截了当提醒他就好了。所以分配给这个客户的精力和时间是一年十六分钟。

对于C级重潜客户，我们公司设定的跟进频率是两个月一次，就是一年六次。重潜客户就是你想开发的目标客户，有人说一个月一次不是更好，这个不一定。重潜客户你跟进是要有方案的，无目的胡乱地跟进就会流失一次展现自己的机会。人与人之间，建立信任的机会不多。发微信，你发什么人家就把你定位为什么，你天天发无用的东西，那人家自然把你归类到对他无用的那一类去。

跟进一次重潜客户的时间大概是二十分钟，我们需要对客户的信息、所有来往的邮件都认真分析研究，每次跟进确定一个内容和目标，循序渐进地获得客户的信任，并慢慢制造机会。一年一个重潜客户投入一百二十分钟，两个小时。

对于B级样单客户，我们设定的跟进频率是1 – 1 – 2 – 3 – 7 – 7 – 15。这就不是按年来计算了。在确认样单的时候要逼样，跟进的频率是很快的。在客户收到样品后就会按 3 – 7 – 3 – 7 的节奏来跟进，时长时短，给客户时间，不至于给他太大的压力。当然，每种产品不同，跟进节奏也会有区别，不过保持节奏很重要。

按照我们统计，跟进一个样单客户的时间平均加起来需要两个小时左右，之后客户要么变成订单客户，要么变成重潜客户或者普潜客户。也就是说前期持续投入两个小时的成本，我们就可能拿下一个客户。所以说，花时间跟进样单客户是很划算的。

对于 A 级订单客户，我们设定的跟进频率是一个月一次，也就是一年十二次。订单客户的跟进不是越多越好，但是绝对不可以长期不跟进。每个客户都有他的下单节奏，每个月下单的客户我们每个月那个时段跟进，一年下单一次的客户，我们就集中下单那几周跟进，按客户下单的节奏来。不要没事总去跟进，客户会嫌烦的。

A 级订单客户的跟进时间一年加起来平均在九十分钟左右，就是一个半小时。为什么跟进订单客户的时间会比跟进样单客户和重潜客户的时间少，因为彼此都比较了解和熟悉，互相猜测和试探的时间少很多，所以维护起来反而是最省力的。

四、其他的注意事项

（一）每次维护的时候都要对客户信息进行更新确认

每次维护客户都要更新确认他的信息，因为有些客户可能离职了，有些可能换了联系方式了，你不是他的合作供应商，他当然不需要通知你，所以这个时候就要自己主动去更新。

有些人一个邮箱发几十封邮件对方都没回复他还是照样发，他都没有想过自己去验证下。

（二）维护的时候，时时对客户进行升级和降级操作

客户的分级不是固定的。有些客户你们重新建立联系了，做样了，该升级提高跟进频率的就要马上升级，不要遗漏。有些客户做死了就别再浪费时

间投入精力去维护了，立马给他降级。一切根据自己的判断来，错了就错了，反正不都还在篮子里吗。

无论是客户分析、询盘分析，还是邮件跟进、客户管理，这些都是连贯在一起的，要会融会贯通，然后形成一个体系。体系建立了就要不折不扣地去执行，执行肯定是重复的、枯燥的，收获也是慢慢来的，心态太急、抱过大期望都是不现实的。

日积月累是什么意思？就是一点一点努力，一点一点积累，一点一点成功。

Part 3 客户怪你逼他怎么办？

土友提问：

土司，您好，关注您很久了，基本上每天看您的文章。最近遇到一个问题想请教下您。我最近遇到一个韩国客户，他们公司的目标市场是泰国，他要我寄一套样品去泰国分部，检查后他没说样品有问题（样品质量还是可靠的）。

他从网上找到了一个跟我们产品款式有点像的图片问我是我们的吗？我说不是。

他又问我这个款式有没有卖往泰国。我说泰国没有，周边国家有，然后就没说什么了。

之后过了一天，我问他他的意见如何。他说他不喜欢跟别人卖一样的款式。其实同行产品都差不多，我们产品的外观跟那家还是不一样的。又过了几天，他问我颜色可以选择吗？我说可以，他又没信了。大概一个星期后，我跟他说现在下单有优惠，他又理我了，然后跟我谈了下价格。因为寄样之前我们的价格是谈好的，正好符合他的目标价，后来寄样品时他又加了个小刷子，所以成本贵了几块。

最终我跟老板好不容易商量以优惠价给他，他也同意了，还问假如明天下单，月底能交货吗。我说可以的，问他什么时候下单，他说明天。

可是，第二天我把产品的价格配置写了封详细的邮件给他，他没回。然后我微信跟他说他也不理我，到了晚上，他回了句，“你竟然这样逼我”。

土司，您说我该怎么办呢？真不知道客户心里想什么，难道他还会反悔吗？

看完这位土友的问题，我的第一反应是，这个客户好可爱！为什么我会这样说？因为99%的客户都会选择不理你，剩下的1%的客户会骂你。遇到能说出“你竟然这样逼我”这种话来的客户，也是中了奖了。

好多人一听到客户说：“我对你们产品有兴趣”“我要买样品”“我要下单了”“我要付款了”就跟打了鸡血一样了。再加上他们不知道在哪里听来的一些培训，说要赶紧追，趁热打铁，不要停，两天内客户不做决定，你就没机会了，等等，就迫不及待地联系客户，促成订单。

如果碰到客户不理他，他就更着急了。马上开始焦虑，客户是不是改主意了？生意是不是给别人抢走了？是不是他的产品价格不够好？还是他服务没做好？是不是邮件发出去客户没收到？越想越不对。然后就更频繁地联系客户，发邮件、打电话、Skype、WhatsApp、Facebook 等的渠道“轰炸”客户，最后把客户惹生气了。

跟进客户一定要有节奏，要把握好度。打个比方，这就好比音乐演奏，大家平常都听歌，肯定知道歌都有节拍，比如1/2 拍，3/4 拍，1/8 拍，小节中还有强弱拍，拍子组成一组才可以成为旋律。如果我们去听一首曲子，全是一个旋律，你会是什么感觉？

客户跟进也要讲节奏，讲旋律。要符合常理，要站在对方的角度考虑问题，要符合人的心理感受。这样才能做到既不让人觉得厌烦，又能给予一定的提醒和压力，合情合理！

Part 4 不是所有的人都值得被当作客户

不是所有的人都值得你当作客户来对待的，我已经很少生气了，但是看到下面这个土友的留言后，还是按捺不住感到气愤。

土友提问：

你好，土司，今天我接待了一个客户，我早上去接他到了我们工厂，他一直很不在状态。

我们经理跟他聊天，他表现出很困的样子，然后他说他吃糖就不会犯困了。我们经理拿来一包薯片，他开了就吃，然后吃各种零食都没有停下来过。我们经理说，他不像是来谈生意的。

这个客户跟我们说，他来深圳，他的宾馆是另外一个厂家给他订的，一切都有人给他准备好了，都是免费的。

今天一天，我们尽地主之谊，全天吃饭的费用都是我们出的，打车费也是我们出的，明天他还要去我们办公室。我晚上跟他聊，他说下午他又去见了另外一个供应商，那个供应商带他去酒吧喝酒了。

我回家后，我男朋友跟我说："你凭什么给他付钱啊，外国人不是流行AA制吗？他连样品都没买，你们一个个供应商表现得那么低贱，什么都给他准备好，会不会他就是来骗吃骗喝的。中国人招待外国人的方式实在无法理解，一个个表现得那么殷勤。"

明天他还要来我们办公室，我该怎么办？要他买样品吧，他应该是刚离职自己开公司，所以现在处于收集产品信息阶段。我应该怎么对待这种目的性不明确，样品也不买，感觉爱贪小便宜的客户呢？我们中国人招待客户的方式都是这样吗？给客户各种优待，无论订单成不成？

一、外国人并非都是客户

每次有人问我类似问题，我就先回一句话："外国人并非都是客户。"

真的！外国人都是客户的年代早已远去了。15年前，20年前，那时候能来中国的外国人绝大多数都是客户，韩国的、日本的、新加坡的、美国的、澳大利亚的、德国的、意大利的、法国的、英国的。当时，他们来一趟中国不容易，费用高不说，手续还特别麻烦。在这种情况下都愿意到中国来的客户才是成交意愿高的客户。

现在呢？国际交通成本急剧下降，出国手续也是简单易办，一些发展中国家，甚至不发达国家的人都可以随意来中国。于是，就出现了一类人，他们和企业一个项目没谈，一个样品都没看，动不动就发邮件或打电话来，说要来拜访，让你给他发邀请函，还特别理直气壮。

你还别说，还真有人发。

二、不要为了接待而接待

我们公司业务员要是没弄清楚状况，跑来跟我说客户要来拜访，要邀请函之类的，基本会被我打回去。确定对方是否能够成为你的潜在客户，你需要回答几个问题。

（1）你判断过客户的潜力没有？

（2）目前手头上你们有具体在谈的项目没有？

（3）项目进展到什么程度？有没有必要邀请拜访？

（4）之前有没有送过样品？

（5）客户所在国家（地区）之前是否有成功成交的记录？

（6）客户拜访的目的是什么？

（7）客户要来谈什么？

（8）你有什么问题需要通过会面解决？

（9）客户拜访的接送、住宿和行程是如何考量的？

（10）如果客户拜访，你有没有把握成功拿下？

我们公司有一套完整的客户拜访评估 SOP（Standard Operation Procedure，标准作业流程），业务员要不能达到，或者不能说服主管和我，谁来拜访我们也不接待。

你公司要是没有完整流程，你就判断两点。有没有项目在进行？有没有样品测试过？这又不难，你问问老板，老板肯定知道。

有些人说如果总是不接待客户，哪有那么多生意可做。

那我问你，这些情况都不搞清楚你就接待了，你生意就能做下来了吗？还是说你既花了精力又花了钱，但是一无所获呢？

三、接待客户是有成本的

就像上面这个土友说的，吃饭、住宿、交通、喝酒，包括一包零食、一瓶矿泉水，都是要花钱的。这还不包括你的时间成本和精力成本，你半天折算下来要多少工资，老板半天折算下来多少工资，这都是人力成本。你花在一个不值得接待的客户上面，浪费不浪费？更何况你还没搞清他到底算不算客户。

想一想，真的是太亏了。

有人说，接待外国人不是也是挺好的锻炼吗，练练口语也不错。练口语你可以去英语角，现在哪个城市没英语角，而且里面很多都是说正宗英语的外国人。你非要找个英语还没你说得好的外国人练吗？

四、不要自贬身价，贸易双方是平等的

看上面土友的提问，我和这个土友的男朋友感觉一样，就是国内的商人太看重外国人，瞧不起自己了。

上文说的那个例子中的外国人，企业早上接来晚上送去，他还一副无精打采很困的样子，竟然还要吃零食，还有人给他订酒店，请他吃饭、喝酒。生意连谈都没谈呢，人家要什么都没搞清楚，有没有生意可做都不知道，辛辛苦苦赚来的钱就花了一堆。这是不是太自贬身价了。

最可恨的是，这样的人还有人排着队等着伺候他。做生意这么多年，我没遇到过这样的客户，我也没接待过这样的客户。真正的客户不这样做生意的，因为生意人都懂一个道理，吃了你的就要给你吐出来，羊毛出在羊身上。我们为什么要贬低自己，做生意讲究的是平等和互相尊重，谁也不欠谁。

五、做生意最重要的是看产品质量和价格

在决定要不要合作的因素里，人情只占非常非常小的比重。关键是看产品的质量和价格。产品质量是否好，是否能满足客户的需求；产品价格是否合适，有没有超出客户的预算。只要质量和价格合适了，其他的问题都是次要的。如果你的产品本身质量很差，价格又很高，你把客户伺候得再好他也不会下订单。

Part 5 请记住，有些客户欠你一个订单

三个月前，我收到一个叫 David 的土友的咨询。

这是一段非常有意思的对话，也是一个很值得回味的案例。

土友提问：

David：“你好，土司。我有个美国客户4月初询价我们一款产品，他说他赢得了一个工程八九月份时要3 000台，现在有10台样品单，但必须要UL（Underwriter Laboratories Inc.，美国保险商试验所）认证或者能证明已经申请UL的文件。

那会儿我们正好在做别款产品的UL认证，我跟老板说了这事，老板就说赌一把，把他要的那款产品也一起做UL认证，然后我就给他报了样品价，发了在做UL认证的文件，他没回复。然后我就一直给他发邮件。老板也经常询问我那单怎么样了。

之后，过去好久了我都不见他回复，昨晚我打了个电话给他，他又说在等客户反馈。假如他不下这单，那产品的UL认证就白做了。我现在真的不知道怎么跟进，老板也经常问。土哥，我现在该怎么办啊？”

我：“你和客户说做UL认证了吗？”

David：“说了。”

我：“说了就可以，客户会觉得欠你的，真有单就会找你。”

David：“客户之前说他赢得了那个工程，但是现在报完价又说在等反馈，我就是觉得他可能是骗我赢得了工程，其实是他还要拿着UL认证跟报价去竞标。不知道我分析的对不？”

我：“猜没有意义，持续跟进会有结果的，他欠你一个订单。”

David：“喔，好的，我后面一个星期跟进一次。到了六七月份还没有结果的话，估计就是黄了。”

我：“二周跟一次，跟一年，等你好消息。”

隔了三个月后，David给我发了一条消息，告诉我他收到了客户的回复，成功拿下了这个项目。

David：“土哥，上次跟你讲的那个美国客户下了样品单了，他说样品需要测试42天，测试没问题的话，就下10 000台。”

谈话就这么愉快地结束了。听到这样的消息，我很为David开心，自己也有一点小小的满足。回头翻聊天记录的时候，又很赞赏自己当时一瞬间的判断和留言，特别是那两句，“他欠你一个订单。”“等你好消息。”简短而又肯定。

有人会说：“土司，你真神了。你怎么就敢确定客户会认为自己欠他一个订单呢？而你又怎么敢轻易留言说，等他好消息，如果没有好消息，岂不是丢自己的脸吗？”你说的都对。当然，我也不是随便这样留言的。留这样的话，是因为根据David的描述我做了综合的分析和判断，然后得出了结论，才有了这样的底气。

接下来就来分享我是怎么思考和判断的。

为什么我会认为客户欠他一个订单？从David描述的信息来看，客户来自美国，这是第一个判断点。

相对于其他国家的客户，美国客户的可信度还是很高的。欧洲客户、日韩客户、俄罗斯客户、中东客户、南美客户、东南亚客户、非洲客户，有几年外贸经验的人基本都能对他们的信誉度排个大概的名次出来。

第二点客户说赢得了一个大工程，八九月份要3 000台，现在要10台样品测试。客户明确地告知了目前的情况，工程定了，八九月份计划下订单，前期需要测试，这里面没有瑕疵，做项目本就是这样的节奏。

第三点客户明确提出必须有UL认证，哪怕能证明正在申请UL认证也可以。这是个硬门槛，客户也说得非常实在。

一般遇到这样的情况，大部分公司都会怀疑大过相信。不过好在David的老总是个有经验并有点魄力的人，我估计他也判断出了机会，而刚好这时候有另一款产品在做UL认证，于是就决定一起做了。他说赌一把，也是不敢确定自己的判断，所以他后面也有多次追问David进展，但这个决定是这个项目能成功的关键。这里也再次印证了一个道理，跟对老板有多重要。

当David把UL认证文件发给客户的时候，我就基本明确了，客户欠了他一个订单。项目是真实存在的，要求也是客户提出的，而且满足这个要求是要付出代价的，当你付出这个代价的时候，契约就已经成立了。也就是说，这个时候双方的合同已经签下了，这是彼此的承诺。

如果这个承诺放在别的国家别的客户身上，我可能会顾虑它的含金量，但放在美国的这个客户上，我相信他一定会努力兑现。美国的信用体系里包括牛仔精神，这和我们唐宋时的君子一言驷马难追文化差不多。说出来的话是要算数的。所以我说，客户欠 David 一个订单。

为什么我要和 David 说等他好消息？我真这么自信吗？

不是我有多么自信，而是我对这个客户，对 David，对他老板自信。当一件事情都处在正确的轨道上时，成功的概率是很大的，这不叫运气，叫客观结果。

我和 David 说等他好消息，是因为我判断这个事情有 90% 成功的概率，而他不知道，所以我得告诉他，给他自信，让他相信。他相信了，他才会有动力继续朝这个目标努力。

他来问我，说明他也相信我。只要我知道，我就不能辜负他的信任。

最后，我想说的是，不要轻言放弃。做外贸也好，学东西也好，你肯定会有怀疑，有不坚定的时候，是成功还是失败往往取决于你感觉坚持不下去的那一刻的选择。

当然，选一个好平台，跟一个好老板，也是非常重要的。

Part 6 丢掉客户的“一万种”方法

写了那么多拿下客户的文章，今天要写一写怎么会丢掉客户的文章。肯定有人说，为什么啊？因为我觉得研究如何丢掉客户，比研究如何拿下客户，具有更高的价值和借鉴意义。把失败研究得透了就能成功了，所以，为了成功，我们一定要研究为什么会失败。

我做了这么多年外贸，从员工到 SOHO，到贸易公司，到工厂到工贸结合，从业务开发到供应链管理，从市场营销到平台运营，从带团队到公司管理，这一路走来，别人经历过的我都经历过了，别人没经历过的我也经历过了。

为什么有人说我厉害，因为我失败的多。

这里我要分享一些土友们如何丢掉客户的案例。希望大家能从这些失败的案例中总结教训，少走弯路。

案例一：把客户名字写错

今天我做丢一个客户。我们公司是卖办公用品的，客户是厄瓜多尔人，一个五十岁左右的女富豪，脾气不太好，去年年底她采购了几百个产品给她哥哥的公司，总共八十多万元人民币。她才收到货不久，认为产品有点质量问题就投诉了，让我们给她发些配件过去。于是我今天就在 WhatsApp 上面和我同事一起确认收货地址，就想问是发到她的公司还是她哥哥的公司。

她的公司名字中有她的名字，我打的简写，本来是“Maria”，打成了“Maira”，客户特别生气，问我说谁是叛国贼，还骂我是叛国贼（估计 Maira 这个人在他们国家是叛国贼）。客户现在把我和同事骂了一通就拉黑了。本来她这几天还在询问其他产品的信息，现在就没了，发邮件她也不回。

案例二：“一根头发”引发的血案

客户是食品行业的，我们公司出口一次性帽子给他们。结果有批货物出现了一根头发，我们好不容易才把投诉的问题解决了。后来，客户来看厂，老板临时去上海出差，客户觉得自己不受重视，但是基于价格和之前的合作，客户于今年 3 月份再次看厂谈订单，我们给了他最优惠的价格，还热情款待，结果客户还是把年采购单子下给别人了。

理由是之前的头发投诉，导致他们整个仓库翻箱检查，幸好只发现一根头发。这次看厂，新老工厂还是老样，没有任何改进的地方，还是担心质量问题……任凭我们好说歹说，他就是不会再次与我们合作了。

案例三：交货期越来越长，丢掉客户

有一个客户，是我们在展会上认识的，线下成交过订单。刚刚开始他就几万元的单子，后面订单额越来越大。相反，我们的交货期越来越长，然后，就是一而再、再而三的延误，最后客户发飙了。我们就再也没有拿过一单了。

案例四：产品质量太差，怎么改都改不好

一个客户先下了个小订单，结果我们做得不好，重新做了，还是没做好，又重做，严重拖延了交期。最后客户收到货，用了一个星期，产品就坏了。

案例五：产品不合格，丢掉了客户的信任

曾经有一个澳大利亚客户，我们两个人加了Skype，聊得很开心，他一天下了三个不同品牌的单，金额是我做过最大的。奈何最初产品包装搞错了，为了不延误交期，我自己出钱走空运。交第一个单后，客户觉得很好，一直叫我“妹妹”，空运费也给我付掉了。

但客户收到第二单的货以后发现LCD屏幕不行，数字在一个角度看不清楚，LCD供应商查完说是因为视角不对。千年不遇的问题叫我赶上了，后面我说给他换货，他拒绝了，然而再也没有叫过我“妹妹”，Skype也不回复我了。每次想起来我的心都好痛。

案例六：售后处理不当，把大客户送给了其他公司

2015年的时候我做了一款产品包装，客户自己验货后出货，结果最后还是出问题了，要我们赔偿货款86 000美元。2016年客户带律师上门来讨债无果后，今年发了两次邮件催款了。

最痛苦的事是这款包装后来客户就委托了我们附近的另一家公司做，给的价格高多了，那家公司一直做，24小时不停，做了一年多了，这得是多少美元的单啊！

Part 7 什么样的客户需要送礼物

每次一到圣诞季很多人就开始考虑给哪些客户寄礼物，寄什么样的礼物。我想想都觉得头疼。不送吧，总觉得心里过意不去，还有点担心，人家都送我不送，客户会不会对我印象不好。送吧，有时候买个礼物没多少钱，可算算运费简直吓死人，公司预算超了不说，还可能从提成中扣除，想想就心痛。

那么，什么样的客户需要寄礼物，而且值得送礼物呢？这一节就分享下我这些年送礼物的心得和感悟。

一、哪些客户需要寄礼物

（一）给合作久的老客户寄礼物

有些客户合作很多年了，而且他一直在下单。我不管他今年生意好坏，单子多寡，还是会准备份礼物寄去，主要感谢他这么多年的支持，顺便问候祝愿一下。礼轻情义重嘛。

（二）给潜力大的新客户寄礼物

有些客户刚开发没多久，可能才下了一两个订单，也可能只通过了样品测试。但是综合判断，我们长期合作的可能性很高。这类客户我也会考虑寄份礼物。为了建立个情感链接，并增加好感，给明年一个好彩头。

（三）给像朋友一样的客户寄礼物

有些客户可能联系了很久却没有合作，有些客户可能合作过又中断了。但是因为大家接触久了有了感情，变成了朋友，对彼此的家庭也很熟悉。这样的客户我也会寄一份礼物。

做贸易那么久，真正能和我做朋友的客户没几个。

除了上面三种，其他也有几类客户我基本不考虑寄礼物。

二、哪些客户不需要寄礼物

（一）订单还不稳定的客户

这类客户订单还不稳定，今天在我这下了单，可能下一单不知道在哪儿做了，这类客户我不考虑寄礼物。订单都不稳定，又谈何稳定的情感交流。

交情没到，寄了礼物反而尴尬。

（二）只送样的客户

双方合作还处在试样过程中，还都不知道下一步会不会合作，明天会不会再联系。既然明天都还是未知，水没到渠未成，何必多此一举。

（三）没送样的询盘客户

这类客户就更不考虑了，八字都还没一撇，钱扔水里的事情我不干。

（四）不过圣诞节的客户

寄礼物送祝福之前一定要先搞清客户所在国家或地区是不是过圣诞节。

还有些国家或地区过圣诞节的日期和大多数人是不同的，比如东正教的圣诞节是在 1 月 7 日。

有些客户虽然居住在过圣诞节的国家，但也可能因为宗教信仰不同而不过圣诞节。

这样的客户如果我们知道他的习惯，就不要送礼物了。

有人说，照这样子，我一个客户都不用送了。我既没有长期合作的老客户，也没有有潜力的大客户，更没有外国的好朋友。

没错！没有合适的人就不要送圣诞礼物了，不要为了过圣诞而过。

别人有得寄就寄，你没得寄就不要寄。花钱的事情，有什么好羡慕的。我的宗旨是：能不送的尽量不送，因为寄礼物也有很多不好的地方，除了成本高、费脑子，还不好停。你今年寄了，明年也要寄。这样变成年年都要寄，寄什么礼物会非常苦恼。

客户每年其实会收到很多礼物，谁寄的礼物连他自己都搞不清楚，那谈什么效果。有一次我拜访一个客户，他带我去他家车库，车库里半仓库都堆着圣诞礼物，拆都没拆。他说没时间拆，拆了也不会用，实在太浪费了，但又不好意思拒绝别人送来的礼物。后来我再没给他寄过礼物。

有些感情和祝福，发封邮件打个电话就能传达。真心诚意地说几句话，效果真的比寄礼物还好，真祝福还是假客套，人都是感受得出来的。

也有人说，寄个礼物还那么功利。是，我是功利。可没功利心寄什么礼物，费什么钱。寄礼物的初衷是希望客户明年多下点单也好，希望客户对你印象更好也好，这都很正常。其实朋友之间送礼，不也是为了维护和增进彼此的感情吗，说起来这也是功利。人有功利心没什么不好的。

考虑完给哪些客户寄礼物，事情还没完，接下来你要考虑选什么样的礼物给客户，以及礼物怎么个送法。

Part 8 这样的礼物给老外绝对100分

了解了什么样的客户需要送礼物，下一步就要知道什么样的礼物适合送给客户，正所谓先有战略，然后才有战术，两者结合才威力无穷。

送礼是个挺有挑战性的活，送得好事半功倍，送得不好辛苦白费。如果你碰上那种年年都要送的客户，那真要绞尽脑汁了。

我们先来看看给国外的客户选礼物要注意些什么。

首先，要有中国特色。如果你送的礼物人家在家门口随处都可买到，那这体验感不如不送。

其次，不宜太贵。礼轻情义重，送的礼物太贵你心痛，客户收了也不好意思。

再次，不宜太大。礼物太大快递运费贵不说，还不好包装。

又次，不宜太重。太重的礼物还是运费太贵，而且运输过程中容易损坏。

最后，不宜太脆。类似玻璃制品、陶瓷制品作为礼物还是要慎重，寄出去的时候挺好的一个作品，收到就变成一堆碎片，那真的太尴尬了。

总的来说就是既要实惠，又要轻便，还要有特色。

接下来就分享下这些年我给客户挑的礼物。

一、男女客户通用的礼物

川剧变脸娃娃、玩具玩偶、中国风京剧玩偶、功夫熊猫玩偶、中国风手绘瓷板画、玉如意U盘存储盘、中国风京剧剪纸画、中国风刺绣杯垫、中国风喜庆娃娃摆件、中国风小泥人摆件、中国风板式泥塑挂件、中国风青花瓷四件套、中国风窑变釉茶壶、中国结雕漆、中国风三潭印月小夜灯、中国风京剧绢人、老北京手绘本记事本，等等，如图5-1所示，送给男女客户都非常实用。

图5－1

二、女性客户或男客户配偶适合的礼物

民族风亚麻围巾、民族风中国红回形纹绣花单肩包、民族风绣花小包、民族风绣花手拿钱包、刺绣民族风棉麻围巾披肩、中国民族风帽子、中国风

景泰蓝胸针、民族风手链、项链、中国风银饰项链、原创民族风耳环、中国风漆器彩绘首饰盒、复古景泰蓝手镯女款，等等，如图 5 - 2 所示。

图 5 - 2

三、送给客户孩子的礼物

中国风古典木质立体建筑搭建模型、中国传统娃娃虎头鞋、中国风风筝，等等，如图5－3所示。

图5－3

四、男性客户专属的礼物

中国风鼻烟壶、景泰蓝烟灰缸、中国风丝绸画卷轴、中国风小屏风、中国风云锦卷轴，等等，如图5－4所示。

图 5－4

第六章

客户拜访那些事儿

Part 1 客户要求发邀请函，如何分析并拒绝

很多跟进到不同程度的客户，会要求你给他发邀请函，他要过来看厂，谈合作等，但是，不是所有的客户你都能给他发这封邀请函。在发送之前，你必须分析客户的邮件，判断客户是否具有让你接受他的拜访的价值。

下面我就以一封实际的邮件为例，进行一下分析，给大家做个参考。

发生时间：2017 年 2 月 7 日。

客户背景：英国客户。

从 2013 年 6 月我们公司收到这个客户的询盘开始，双方就一直就一个项目进行沟通。我们给客户送过样品，其间也根据客户的要求改进过三次产品，每一次客户都很满意，但是一直没有成单。通过三年多来对客户的综合分析和判断，我们可以确定客户仍然在欧洲本地采购。另外，客户对中国非常了解，几乎每一年都会到中国，拜访很多供应商，是典型的中国通。

客户邮件：

2017 年 2 月 7 日，业务员在对客户进行例行跟进的时候，客户借机回复要来中国，并直接将护照信息发了过来，要求我公司尽快发邀请函。

XXXX，

Pls provide me urgently a invitation later.

I'd like to be in China from XX to XX of March.

Here enclosed the passport info.

Thanks

回复难点：

我们要不要发邀请函？该不该发邀请函？按一般业务员的思路，客户是潜力客户，而且送过样品，有相当大的成单可能。我们应该协助客户办理邀请函，让客户对我们增加好感，加大成单概率。不过，对此我有不同看法。

邮件分析：

我们要不要发邀请函？首先，客户不是第一次来中国，那说明他之前的邀请函都有人办理。既然之前都有人办理，为什么这次要我们公司出具？其次，客户这次要在中国待十几天，那说明他要拜访很多供应商，肯定也包括一些已合作的供应商。如果要发邀请函，怎么可能轮得到我们这家没合作过的供应商发邀请函。从这两个角度来看，论资格，论辈分，都轮不到我们发邀请函。

我们该不该发邀请函？从三年多来沟通和跟进的情况分析，并无明显迹象表明客户这次会下单。因为样机通过测试已经是两年前的事情了。其次，通过沟通得知，客户这次来也是顺道来我们公司拜访，并非专程。所以客户的主要目的很可能不是下单。最后，发邀请函是有一定风险的。按惯例，谁邀请谁负责。所以如果没有100%的成交把握，一般我不建议发邀请函。

从这三个角度来看，不值得给这个客户发邀请函。

既然轮不到我们发邀请函，我们也不值得发邀请函，那就应该拒绝。

那么如何拒绝呢？拒绝的邮件又该怎么写呢？

邮件回复：

Hi XXX,

I have forwarded all information to management office, and still wait for their confirmation.

Please also try best at your side to see if previous companies could help.

（拖延时间，引导客户找其他公司解决。）

For factory visit, you are very welcomed!（对于拜访，表示欢迎。）

We will discuss further meeting details after your time schedule fixed. （见面细节定下来再详谈。）

Your Sincerely.

客户看到邮件基本就明白我们的意思了。因为他不能等，所以他会找其他公司办理。对于拜访，我们也表达了欢迎。最后一句看上去平淡无奇，实际是暗示客户来谈点实质性的东西，因为跟了三年了他还没下订单。

果然，一切都和我分析的一样。第三天，客户回复已找其他公司办理好，来拜访的行程也不变，最后还透露这次将会谈订单的事宜。

Part 2 客户拜访，为什么我要拒绝

做销售员，免不了要接待客户，但是我们被客户是上帝的理念洗脑惯了，免不了陷入很多误区，在是否要接受客户来访这个问题上，经常痛苦不堪又进退不得。

一、为什么我要拒绝客户拜访

其实，在业务实操过程中不是所有的客户都值得接待的，从公司角度考虑，拒绝客户拜访的原因大致有如下几点。

（一）接待客户是有成本的

接送客户，请客户吃饭是成本，你的时间也是成本。随便接待一个客户一个下午就没了，如果你晚上还想请客户吃个饭，那连休息时间都搭进去了。而且接待客户一般还不止你一个人，有些要老板陪同，有些要技术员陪同，等等，这前前后后花费的精力仔细算算挺多的，这也都是成本。问题是，有时候钱和时间花了，你还不开心。

既然要花费那么多成本，那在接待之前多花点精力分析判断下客户是否值得接待，还是很有必要的。我经常和我们公司的同事说，不要浪费我们的时间，也不要浪费客户的时间，客户不知道怎么判断，我们帮他判断，这也是帮他节省时间。

（二）不要为了接待客户而接待客户

有人说他特别喜欢接待客户，和客户聊聊天见见世面，感觉特别好。如果仅仅是这样，我建议这些人周末到大街上去偶遇，或者参加个英语角之类的，效果是一样的。

工作中不停地接待客户，看起来你很忙碌，很有成就感，但是没有订单，这种方式能维持多久，又有什么意思呢？

（三）不要怕拒绝人

很多人说："客户要来拜访，我怎么开得了口拒绝，人家千里迢迢地过来，我多不忍心。"我们公司小姑娘也常这样。

其实我不是叫你拒绝，我是叫你学会判断。咱们是做生意，不是谈感情。客户都是老手，人家是来和你谈生意的，是来判断你的，你却和人谈感情，出发点完全不一样。

生活告诉我们要学会拒绝，不然会很吃亏，很被动。工作中也一样，不会拒绝也会吃亏被动，而且是双份，亏了公司，又亏了自己。

二、哪些客户应该拒绝他的来访

（一）对公司情况完全不了解的客户

有一种客户什么也不说，突然就打电话或发邮件说要来拜访，或干脆出现在你公司门口。一般他会说他看了你的网站对你公司很感兴趣，想来当面看看，并谈下合作的事情。

遇到这种情况我们的处理方法是，一口回绝。是，我姑且相信他看了我的网站，或者他也有诚意想合作。但是我那么多产品，他到底对哪个感兴趣？他的具体要求是什么？他要多少数量的货？他确定他要的东西我能做吗？我的价格他能接受吗？他知道我今天有空吗？他什么都不提前搞清楚，就这么跑来有意义吗？

再说狠点，他知道我们愿意做吗？

中国古时朋友见面都要写书信下帖预约，虽说现在风俗丢的差不多了，但他不经同意就上门，懂不懂礼貌，尊重，是要相互的。

（二）没有明确需求的客户

还有一种客户，是我们联系很久了，但是他具体的需求还不确定，也就是我们没有具体要谈的项目或产品。这种情况我们也是不接受客户拜访的。

是，他是有需求，分析了他的情况，他也的确符合我们对潜在客户的要求。但是他具体要什么、多少数量都不确定，或者他不愿意告诉我们，这怎么谈，生意怎么做。

他说来公司谈，那我们多被动！首先，我不知道他要谈什么；其次，我不知道该准备什么；最后，我都不知道我自己愿不愿和他合作。这样谈，事情能谈好吗？

（三）自己不感兴趣的客户

还有一种客户，联系一段时间了，具体的项目也有在谈，但是评估下来，我们不感兴趣。这种情况下我们处理客户来访的方式还是拒绝。

人生，是要做选择的，生意，也是一样。有些客户，有些项目，数量太少或者做了不赚钱，做什么！你说放长线钓大鱼，可是我给他评估后，他手里就那么几条小鱼，我干嘛费那个心力。即使把他拿下，说不定赚的钱还不够接待他的车费、饭钱，更不要说给自己赚个劳务费了。

开发和维护一个小客户和一个大客户花费的精力和成本相差是不多的，把你有限的精力发挥出最大的价值，这才叫会过日子。

（四）公司没有能力合作的客户

还有一种客户，联系了许久，项目也非常不错，但是评估下来，我们公司没有能力拿下或拿下留不住。这种情况下我们处理客户来访的方式还是拒绝。

有些客户和项目的确非常好，我们非常想做下来，算一算一年有几百万元、几千万元，甚至几个亿的销售额，按千分之一的提成算，业务员都能有笔不错的收入。这种生意，不想做的，都是傻瓜。

但恰恰是这种生意，我们是没法做的。因为我们的产量不够，即使我们撑开肚皮，勉强把它吃下了，回过头来，我们还是要吐出来，而且是连老本也要吐出来。那时候，真的是一把鼻涕一把泪，哭爹又喊娘了。

你的生产交货能力、质量控制水平、资金周转能力、人力招聘储备能力、技术研发能力、采购配套能力，等等，这些都需要匹配客户的需求才行，一个环节跟不上，你就等着客户索赔吧。

做生意，也讲究门当户对。

（五）效率低的所谓的大公司

这里要穿插一下另一种客户，我叫它效率低的所谓的大公司。

这类客户在拜访前会先发一堆所谓的供应商调查表格过来让你填，填完再发个保密协议过来让你签，签完了再发要求过来让你看，看完然后说等通知来验厂，让你等。

我特别反感这些号称自己是大公司的客户，光填那些表我都要花好几天，还要到各个部门求爷爷告奶奶地核对数据和资料，完了交上去了，人家还牛气哄哄地说这个不对那个要补。

每次收到这样的询盘，我第一时间丢垃圾箱。别人的时间不是时间吗，这么大公司做事情就这个效率？他不会先把项目确认了，样品确认了，再来做这些吗？我保证，听说他要下订单了，我肯定特别殷勤地给他全部弄好献上。

这种客户，不接也罢。

那有人说了，这个也不接，那个也不接，那怎么做生意？好吧，我就告诉你，我们只做一种客户的生意，也只能做这种客户的生意。

这种客户是我们愿意做，也有能力做的客户。

首先是愿意做，其次是有能力做。客户的要求太高，我们做不了，没用；客户的订单数量太少，我们不愿做，也没用。给客户服务太难，我们不愿做，放弃；客户给的价格太低，我们做不了，再放弃。双方不在同一条线上，强扯的姻缘想长也长不了。

但另一种情况就不一样了。客户发来的要求我们能满足，我说的价格他也能接受，完美；客户要的数量我们愿意做，我做的服务客户也能认同，更完美。双方在同一条线上，彼此能平衡才可能皆大欢喜。公司如人，皆须做自己！

Part 3 一石多鸟的客户接待方案

当客户确定要来拜访，你也确定要接待的时候，做充足的准备工作就显得非常重要了。

客户难得来一次，你也难得接待一次。客户拜访肯定有他想达到的目的，你接待也有想达到的目标。这样宝贵的机会，尽量让他满载而归，而你也不能无功而返。

这里主要分五个方面来分享，这五个方面也是我们公司接待客户的目标。

一、谈合作

拜访就是谈合作，客户来了，肯定是来看你们有没有合作的可能。在这点上，大家的目标是一致的。那这里面主要有哪些东西要谈呢？我一一列出来。

（1）客户对哪些产品感兴趣？也就是选型。

（2）客户对样品的测试反馈怎么样？（有些客户是测试过我的样品后才决定来的）

（3）客户对小批量试单的反馈怎么样？（有些客户可能初期下了一个小试单）

（4）客户对付款方式有什么要求？

（5）客户对交期有什么要求？

（6）客户对质量和检验有什么特殊要求？

（7）客户对验货和包装有什么特殊要求？

（8）客户对认证和专利有什么要求？

以上只列了部分经常谈的事项，当然你还可以根据自己的需要列自己想要谈的内容，在会谈时和客户一一确认。

在列上述事项的时候，自己一定要先回答一遍，也就是说你的基本答案一定要清楚，这相当于是情景演练。第一方面，实际会谈时你不用花时间去想；第二方面，你时刻明白你的标准在哪儿；第三方面，实际谈判时作为进退的依据。

比如付款，公司标准规定是20%前T/T（发货前电汇付款），80%凭提单复印件。如果客户提出30%前T/T，70%凭提单复印件，那你就往前一步，不需要坚持自己的；如果客户提出20%前T/T，30%凭提单复印件，50%到港后付款，那你要依据标准条款进行评估，离标准不远，也可接受；如果客户坚持100%到港后付款，那离标准太远了，你就拒绝。

这就是平衡线。

谈判是个动态的平衡调整，谁退一步谁就增加一份被动和风险，退得越多越被动，风险越大！

完成了合作洽谈，你以为完成了任务？错，只能说你完成了25%的任务。

二、客户信息收集

会谈中，除了洽谈合作的事项，客户还会问你很多公司的情况，人员、销售额、设备，等等。其实客户是在收集你的信息，以方便他做判断。

所以，你也得学学客户。在会谈中，要尽可能地收集和验证客户的信息。你收集的信息越多就越有利于做判断，例如报价、年订单数量等。把所有你能想到的和想了解的问题都列出来。

（1）询问对方公司性质。他是贸易商，还是OEM，还是SOHO（外贸中常指家居办公者）等。和不同类型的客户合作，注意点当然会有不同。

（2）询问对方主营业务。有些客户销售很多产品，他的主营业务越和你匹配，说明潜在合作机会越大，量越牢靠。

（3）询问对方公司规模和员工数量。公司规模和数量当然能看出公司实力和采购能力。

（4）询问对方主要客户群体。就是问客户他的客户是谁，有些公司产品是卖给个人的，有些公司产品是卖给分销商的，有些公司产品是卖给OEM的。客户的目标群体不同，你与他合作起来也是不同的。

（5）询问对方主要市场区域。有些客户只针对本国市场，有些辐射到周边。从市场区域上你也可以间接获知客户的价格敏感度和订单数量。

（6）询问客户大概的单订单和年订单数量。这个必须问下，从客户口中直接得出的和邮件里说还是不同的，对你报价非常有帮助。

（7）其他。客户信息收集最好线上和线下结合来做，有些问题在客户的网站上就可以直接得到答案，有些不确定的问题就当面和他沟通确认。

完成了客户信息收集，你算是完成了50%的任务。

三、市场 & 行业 & 竞争信息收集

每一个客户就是一个信息源，每一个客户都有对本行业和本区域市场的认识和理解。平常你都站在屋里看世界，难得来个外人，既然来了，就一定

要让他说说外面的世界。

想一想，你可以列出哪些问题来。

（1）今年意大利或欧洲市场情况如何？是会增长还是下降？为什么？明年呢？（这种问题不针对客户自身，客户会很乐意回答）

（2）以上市场竞争会越来越激烈吗？有什么趋势？为什么？

（3）这个行业会朝着哪个方向发展？竞争趋势是什么？为什么？

（4）以上市场份额是怎么分配的？第一名大概多少份额？（问第一名是为了引出第二名，间接了解行业领头竞争对手的市场占有率）

（5）客户一般从哪些地区购买？中国的采购份额大概是多少？了解下客户的采购渠道分布和比例。（不要问客户具体从哪家采购，问问份额，很多客户还是会说的）

（6）通常客户是怎么找供应商的？这个问题可以了解客户是通过哪个路径去找供应商，是阿里巴巴，还是展会，等等。

（7）客户选择供应商的首选条件是什么？通过这个问题可以了解客户怎么选择合作供应商的。

（8）其他。

完成了行业、市场和竞争信息收集，任务算是完成了75%。

四、客户特别关注的问题

每个客户都有自己的偏好（所爱），每个客户也都有自己的痛点（所虑）。打比方说，有些客户特别看中质量，他觉得质量对他来说最重要。有些客户特别看中服务，他觉得沟通的顺畅特别重要，还有些客户特别看中诚信，他觉得讲信用特别重要。

其实，每一个喜好后面很可能都藏着一个痛点。人没有无缘无故的偏爱，很可能是他曾经在这上面摔过跟头，吃过苦头。

借着会面，你要特别地问一问，他是否有特别关注的问题。一方面你可以了解客户的关注点，另一方面也可以评估下自己是否能满足其要求。有些时候，你问一问，客户就很开心，话闸一开，他会把过往吃亏的案例都讲给你。等于间接告诉你要这么干，不要那么干。

完成了特别关注问题收集，任务算是完成了90%。

五、整理总结和分析

所有的信息记录下来后，一定要进行归纳整理，然后从各个维度去分析，做出相应的预判。这个判断不可能100%准确，但80%还是能保证的。判断完后，你对这个客户的情况就很了解了，接下来就要考虑给他什么方案、什么价格之类的事情了。

同时，借助这次会面，你也收集了市场、行业和竞争对手等信息，这些信息的积累和更新都非常有助于你对整个市场和行业当前状况和未来趋势的判断，进而引导你调整方案。

此外，你可以用客户提供的信息来验证其他客户的信息。俗话说，货比三家，信息也一样，几家一对比，你就大概知道哪些信息是可信的，哪些是不可信的了。

完成了整理、总结和分析，任务才算是100%完成了。

六、其他注意事项

还有一些我能想到的注意事项也一并告知。

（1）所有要谈的问题一定要列在表格上，打印出来方便浏览和记录。

（2）问问题收集信息要不拘场所，接送客户的车上、饭桌上、参观公司的时候、会谈中场休息时等，不用局限在正式会谈时。我们公司很多的行业、市场和竞争信息收集都是在吃饭的时候聊的，这个时候比较不敏感。

（3）问问题不要刨根问底。有些问题客户不愿回答或不愿正面回答，就绕到下一个去。有些气氛和节奏一旦破坏了，就很难回去了。问题列那么多，也不是每次都能收集全的，这很正常。

Part 4 客户接待：外土司“大战”世界五百强（上）

背景：

2014年夏天，来自德国的世界五百强企业BS公司在测试了我们公司的样品后，要求拜访验厂，同时告知我们他们会提前拜访中国的另一大领头企业。

拜访结束后他们会决定项目归属，此项目总值800万美元。相对于中国领头企业，我们是家小公司，生产规模、技术实力、企业形象等都没有丝毫优势。在评估了各个方面的信息后，我们决定接受挑战，于是“大战”序幕拉开。

谈判双方：

中方：外土司团队；

人员：外土司（CEO），Lena（Sales Manager）；Tang（高级工程师）；Mr. Zhu（生产厂长）。

德方：BS德国团队；

人员：Mr. Martin（采购总监），Mr. Michael（技术总监）；Ms. Sarah（采购助理）。

时间：拜访前数周。

在确定接受客户拜访和验厂的要求后，即开始收集各个方面的信息以及情报。这些信息包括如下几方面。

（1）BS公司的信息。包括公司历史、文化、主要产品线、市场定位、主要销售区域、工厂规模、人员规模、总部及工厂位置、在华工厂和销售渠道、产品价格定位等。

（2）预开发项目产品信息。包括此项目产品的实际应用、技术难点、竞争现状、市场现状和趋势等。

（3）拜访人员的个人信息。包括拜访人员的照片、年龄、爱好、居住地、在此公司工作年限、专业能力、工作职责等。

（4）国内外主要竞争对手的信息。包括主要竞争对手的公司规模、技术能力、生产能力、价格区间、销售情况、主要优势和劣势等。

所有的信息在收集的过程中，边整理边讨论，有新的想法就马上加入。最后罗列的重要问题都收集到了对应的信息后，就制成四张直观的表格供整个团队参考。

时间：拜访前一周。

所有的信息收集和评估差不多完成后，结合自己的实际情况，我们制定出最终的接待方案。整个团队根据方案做了分工安排，生产现场整理、技术文件准备、销售解说演练、后勤准备等都安排妥当，以确保涉及接待的每个人都心中有数，不会临时出错。

另外，我们也和客户沟通并确定了整个拜访的流程和时间安排，在会谈部分时间精确到了分钟。德国客户比我们还专业，我们流程表还没发过去，客户的就先发来了，非常细致。

时间：拜访前一日。

我们和客户通过邮件和电话再次确认了拜访行程没有任何的更改和变动。此时客户已经在国内，他们第一站拜访了我们主要的竞争对手，也就是行业领头羊。

时间：拜访第一日，下午 16：59。

我们提前 30 分钟到达了火车站准备接站。因为客户有三个人，所以我们租了商务车去，我和销售经理一起迎接。事先我们准备了接人的牌子，上面打上了 BS 公司的名字。另外，我们还拍了我们两个人的照片提前发给他们，告诉他们那天我们会穿一样的衣服，这样客户可以很容易认出我们，消除客户的不安定感。

本来我们可以直接去上海接他们，这样更方便，但是我们没这么做。一方面我们希望客户体验下中国的高铁；另一方面直接去竞争对手处接人容易引起多方尴尬，客户可能也不愿意对方知道他们的行程。

果然，他们还没走出车站，就看到我们了，一出来我们就非常开心地来了个拥抱。

时间：拜访第一日，下午 17：30。

在去停车场的路上我们和客户简单介绍了接下来的行程。从火车站到喜来登酒店需要半小时，然后我们会安排客户入住和简单的休息。晚上 6 点半我们会来接他们去吃饭。

一个小时时间，非常适合客户洗个澡，换身衣服，喝杯咖啡，消除旅途的疲劳和紧张，并为晚餐准备个好心情。当然，这些在行程单里都确认过了，他们知道。

在去酒店的路上，我们也预先做了几个细节准备。

首先是音乐。我们都体会过，和初识的人同乘一车，气氛总有些别扭，而音乐可以转移人的注意力。车里放的轻音乐是经过挑选的。几首曲调优美、耳熟能详的中国传统民乐，配以几首德国的舞曲和钢琴曲。中国的传统民乐给客户带来异域风情的新奇感，而偶尔出现的本土熟悉音乐，可以拉近我们心灵的距离，让人感觉亲切。

其次是香气。德国人都用香水，除了身上，家里、办公室和车里也都会用。为此，我特意请芳香大师给专门定制了两款适合德国客户的香氛，一款放在车里，一款放在会议室里。合适的香气可以让人放松，影响人的情绪，而有些特制的香气则可以起辅助营销，促使人消费的作用。客户一上车闻到香气，眉头就舒展了。至少，车内的气味没有成为他们的负担。

最后是话题。话题我们讨论过的，只设置了两个。一方面不愿车里太沉默，另一方面不想给人要回答问题或找话题的压力。第一个话题是动车。问他们在中国坐动车的感受。这是他们第一次在中国坐火车，他们觉得不可思议，很快而且舒适，他们也没想到动车站会像机场一样大，有那么多人。他们还拿着我给他们做的乘车说明示意图，说这个很好用，非常感谢。所有看到的这些，都远远超过他们原来对中国的认识和期望。我们听了也觉得挺开心。

回过头，我们问他们德国乘火车 DB（Deutsche Bahn，德国铁路）是什么样的，ICE（Inter City Express，城际特快列车）是什么样的。我一问问题，一求助，德国人乐于助人的天性就显露出来了。Sarah 和 Martin 因为更年轻、英语更好，更加热情。加上之前我在德国坐火车旅行过，偶尔插那么一两句，他们马上会接过话题。

一个坐火车的话题聊了将近 20 分钟，这也颠覆了我们对德国人的固有印象。

第二个话题是天气。这个话题没用上就到酒店了，我们顺势把它留到了第二天早上。舒缓的音乐，熟悉的香味，加上轻松的话题，顺顺利利地开了个好头。

时间：拜访第一日，晚上 18：30。

德国人很守时。6 点 29 分他们准时从电梯门出来。从喜来登酒店到吃饭的餐馆美宴开车 15 分钟，会穿过三江口和老外滩，可以欣赏宁波最美的夜景，这期间我们偶尔会介绍两句窗外的风光，不需要多找话说。流淌的音乐，漂浮的香气和绚烂的霓虹，是餐前最好的伴奏。

晚餐我们没有选择西餐厅，是因为希望让客户体验中餐的丰厚和美味。

我们点了鲥鱼、T 骨牛排、鹅肝、蟹粉豆腐、虾饺、榴莲酥、刺身汤圆、杨枝甘露、牛肉粒等，既有传统菜，也有本地特色菜。上菜的时候我们刚好顺便介绍下，客户很好奇，我们也挺自豪。

选择美宴这样的餐馆，是因为我们希望让客户体验中国传统建筑的美和历史感。深宅大院、小飞檐、马头墙、雕梁画栋、曲径通幽。客户看得惊呆了，说这里和欧洲的古堡木房相比，别有一番滋味。

另外，我们自带了几瓶德国啤酒和一瓶白葡萄酒过去，特意买的德国品牌的。欧洲人都有晚餐喝一点点酒的习惯，德国人以喝啤酒居多，其次是白葡萄酒，最后才是红酒。

晚餐的话题比较随意。上菜的时候我们介绍介绍菜，聊聊菜的话题，例如我们平常怎么吃晚餐，怎么招待客户，问问他们在家怎么吃晚餐的，聚餐又是怎样的。我们本地的特色菜是哪些，有什么典故；他们本地有名的菜是哪道，有什么故事之类。

喝酒的时候聊聊酒的话题，喝酒的习俗。我们平常喝哪些酒，喝酒有哪些习俗；他们平常喝哪些酒，又有哪些习俗。不同地区习俗不一样，聊到高兴的时候大家还一起站起来当面示范，很有意思。

吃吃喝喝到后面的时候，又聊起家庭。他有几个孩子，我的孩子几岁等，然后就互相拿出手机开始翻各种萌照出来秀。通过聊天我们知道了 Martin 有两个儿子一个女儿，Micheal 有两个非常漂亮的女儿，Sarah 的宝宝刚学会走路，我有两个儿子，Lena 还没结婚。

聊着聊着又聊到自己的爱好来。我知道了 Micheal 喜欢打猎，每年冬天他都会去黑森林里打野猪。Martin 喜欢静静地听古典音乐，Sarah 喜欢和家人一起在家门口滑雪。

吃饭的时间控制在 1 个半小时内。太短了大家不尽兴，太久了会累且有压力。吃饭的时候能不谈生意，就不谈生意。当然，这些也是提前做了功课的。

时间：拜访第一日，晚上 20：30。

我们把他们送回了酒店，并强调第二天早上 8 点半会来接他们。这个晚上，大家都过得很轻松，并且开心，互道晚安后，就各自回家了。明天，迎接我们的，才是真正的挑战！

Part 5 客户接待：外土司“大战”世界五百强（中）

时间：拜访第二日，早上8：10。

早上8点10分我们就到了酒店，到大厅一看，客户已经吃好早餐在前台办理退房手续，今天拜访结束他们会直接去上海搭飞机回德国。

Martin和Michael都穿着黑西服、白衬衣，笔挺挺的，一丝不苟。Sarah穿深蓝中裙搭天蓝色衬衣，配上蓝眼镜和一头金发，非常迷人。我们这边的人则一律穿着厂服，大家各显专业。

因为昨晚彼此都建立了不错的印象，再见面已无拘谨感。双方轻轻松松地道了早安，问了问昨晚睡得可好，然后就上车出发去厂里。从酒店到厂里要半小时车程，车里冷气早已开好。

车里的音乐并没有换。不过没有延播，而是从头播放，目的是让客户潜意识里有熟识感和安全感。在一个空间里，人是需要舒适和安全感的。比如家里，如果我们每天回去发现家具都换了一遍会是什么感觉？那肯定是不安，然后去找最熟悉的地方。所以，我们安排的还是这个车，还是这个音乐，还是这个熟悉的感觉，不过香氛换了。

早晨代表阳光、清新、自然、美好，所以我请大师特意调配了一款早安香放在车里。客户一上车就开始猜车里是什么味道，真的很好闻。Martin说他似乎闻到了自己院子里的玫瑰香，Sarah说像被太阳晒干的宝宝的衣服香，Michael说应该是森林里的赤松的气息。

按照昨天的调整，今天早上准备的话题是天气。可没想到客户主动聊起了香气，猜来猜去，不知不觉我们就到厂里了。

时间：拜访第二日，早上8：50。

我们到厂里是8点50分。下了车我们直接进了会议室。会议室里已经安排好，空调冷气提前打开，投影已经放好，上面第一张PPT是英文“Welcome to our company”，下面放着两家公司的LOGO，门一开就可以看到。

会议桌前端立着中德两国国旗，客户一看也就知道要坐哪边了。客户位置背对窗户，一方面我们不希望他们被外面的景色转移注意力；另一方面我们面窗而坐，有急事也方便沟通、安排。

会议桌上放了记录本和笔，一边4份一边3份，前面还有名字和职位牌，这样客户一看就知道有哪些人会出席以及他们的名字、职位，这样会议沟通中就不会产生不会叫名字的尴尬。

旁边小桌子上放了咖啡机、矿泉水、杯子和冰块儿，还准备了果盘，需要时可随时取。

我们到办公室先放下了所有包和资料，公司技术总监和生产厂长也都到齐了，大家与客户互相交换了名片，然后公司小姑娘把事先准备的小礼物送了进来，给两位男士送的是传统小礼物，给Sarah送的是一束鲜花。他们受宠若惊，连连说谢谢！

有些公司都是会谈结束的时候送礼物，我们选择开始前。礼物能产生多少好感先不管它，礼物送完，我提议大家在PPT前面一起拍张照片。这才是正题，这张照片后面有伏笔。

拍完照，落座，我问客户要咖啡还是水。他们说早上已经喝过咖啡，所以矿泉水就可以，加冰块的水。

时间：拜访第二日，早上9：00。

早上9点，会议准时开始。每个人前面都有一份今天的会议流程和时间表，之前已确认过。当然，我公司每个人面前都有一份客户的详细资料介绍，我和Lena面前还有所有来往的邮件记录表、报价单、合同单、客户接待单，以及客户可能关注的问题单等资料。Lena作为主持，按照流程开始会议。

9：10~9：25，Martin先做了BS公司的介绍。他用自己的电脑播放了PPT，里面大部分的资料我们都有收集到。但是那个PPT好看又专业，眼红的我差一点当场问他要，转念一想偏了主次可能会很尴尬，就按捺住了。

9：25~9：35，Michael做了项目介绍。他主要介绍了我们打算合作的这个项目的基本情况、应用、市场、技术要求和未来5年计划。

德国人做事很严谨，在合作之前他们就把所掌握的信息以及计划都告诉我们，让我们明白要做什么、怎么做，一点不把我们当外人。

这些信息我们也有大概了解。

9：35~10：00，Lena主讲介绍我们公司。正常情况下，我们的PPT介绍不超过5分钟，既然客户这次给这么多时间，那就要好好利用。PPT根据客户可能关心的问题进行了优化和特别定制，包含了两部分。第一部分是公司介绍，阐述了公司的历史、组织结构、公司文化、主要产品、技术实力、主要客户和市场，以及未来几年的发展展望。

第二部分是项目介绍。这部分是额外添加的，也是重头戏。它有针对性地介绍了这个项目产品的由来、技术开发、生产规模、主要客户市场，以及我们相对于其他竞争对手的优势和劣势。

这里的优势和劣势都是根据调研进行设置的，说白了就是针对前面他们拜访过的行业领头公司的。

25 分钟介绍下来，客户感觉很不错。特别是对于竞争对手和自我的分析，客户非常感兴趣并认同。或者可以说，我们直接站在他们的立场上帮他们做了一个分析预演。

这里不得不说，我们所有的演讲稿和 PPT 都是事先演练过的，不是即兴发挥，Lena 前一天晚上还在会议室里读稿子排练。

接下来开始参观工厂。整个参观的流程，我们就是按照产品的生产流程来安排的，从进料、加工、装配，到测试，最后到包装。

时间：拜访第二日，上午 10：00。

10：00 ~ 10：30，参观原材料仓库。这个环节由我们的总工 Mr. Tang 负责解说，Lena 翻译。我们先到了进料检测间，介绍了我们原材料的检验流程和标准，入库流程和次品处理流程，还包括各种检验夹具、工具和设备的精度，以及维护记录。

然后我们到原材料仓库，介绍了原材料入库登记、分类摆放、领用流转记录等。

客户那边安排了他们的技术总监 Mr. Michael 发问。Michael 问的问题都是非常专业而细小的问题，例如检验设备的维护记录、原材料的检验标准，次品的退货记录和改进追踪之类。

由于之前我们每次客户接待后都会把客户的问题整理总结归档，接待新客户之前还会有针对性地讨论流程和问题，所以 Michael 的提问我们顺利过关。

10：30 ~ 11：00，参观加工车间。这个环节依旧由总工 Mr. Tang 负责解说，Lena 翻译。我们带客户参观了所有的加工环节和设备，介绍了每个部件加工的原理、要求和标准。

这里还有个小安排，按原来的生产计划今天是不做这个客户感兴趣的产品的。为了配合他看，我们就提早更改了生产计划。所以客户正好看到这个产品的加工和生产过程，更加直观。后面的装配也是一样。车间我们也事先打扫和整顿过了，看起来也基本符合6S标准。Michael除了问了些关于设备的寿命、加工精度、维护记录等问题外，没有更多的问题。这也是德国和日本客户的特点，他们更关注过程控制，而非生产流程。

11：00~11：30，参观装配车间。这个环节由厂长Mr. Zhu负责解说，Lena翻译。我们带客户先看了整个生产流程图。对每一道工序进行解说，每道工序上面都有装配示意图，厂长就简单地解说下每道工序的设备、装配原理和注意要点。

客户那边安排了Mr. Martin提问。Martin显然看过很多中国的工厂，他没有问很多常见的问题，而是问工人是否经过培训，在这个岗位上工作了多久等比较偏的问题，可见他也清楚一个熟练的工人对质量的把控至关重要。很多质量问题并不是设备偏差、检测不到位引起，而是人的经验和责任感不够。

Michael着重了解了下装配中的几个测试环节，随后，我们顺利结束了这个环节。

11：30~11：50，参观实验室。这个环节由总工Mr. Tang负责解说，Lena翻译。我们并没有很专业的实验室，与其说实验室，不如说测试间，就是技术人员平常做测试的地方。

原先我们也担心这个环节会让客户不满意，不过后来一考虑，反正这就是真实的我们，如实地展示给客户就可以了，剩下的让客户自己来判断。

我们和客户详细介绍了各种测试和实验设备、测试流程和标准，并告知他们因为考虑成本和维护因素，其他大型的测试我们是委托第三方机构进行的。而现有的测试条件也足够保证日常的研发和技术检验。Michael和Martin表示理解。

现有的测试条件已完全能满足技术支持，而委托专业第三方机构的测试也更有说服力和权威性。

同时，我们也及时出具了测试报告，进一步打消客户的顾虑。

11：50~12：00，参观成品仓库。这个环节由厂长Mr. Zhu负责解说，Lena 翻译。我们主要介绍了可选的包装方式、入库和出库的流程。客户简单查看了下入出库的记录，没有提出任何异议。

12：00～12：30，参观样品间和办公区域。这个环节由我负责解说。

我们先到样品间，介绍了这些年我们产品的开发路线和进展，并展示了一些资质和认证证书等。再到办公区域，我们带客户依次和销售、财务、技术、生产等部门的同事见了面，打了招呼。这点也是之前去意大利拜访客户时学到的，当时客户带我们去和他公司的所有同事和负责人打招呼见面，我们顿时感觉非常好，挺感动的。这体现了一种重视，也间接传递一个信号，接下来所有这些人都会和你一起工作。

最后，Martin 说了句，非常专业。辛苦没白费，我和 Lena 相视一笑！

接下来我们将要面对更直接的交锋。

Part 6 客户接待：外土司“大战”世界五百强（下）

时间：拜访第二日，中午 12：30。

这样一圈下来，整个工厂的参观就结束了，人也差不多饿了。会议室里自助餐已安排好，我们刚好下楼吃饭，这也是事先和客户确认好的。第一简餐可以节省时间，第二大家可以更放松，不需要刻意找话题聊。

我们在必胜客订了披萨和沙拉，在汉堡王订了汉堡，什么口味的也是事先通过图片让他们自己选好了。加冰的可乐和水果拼盘，则是任意选择。手磨咖啡也备好了，让客户可以自己动手，这样更自在、更合口味。

我们自己点了商务套餐，不用和客户一样，这样也不会对不起自己的胃。会议室里放了一点点类似咖啡馆里的背景音乐，舒缓的音乐可以让人放松心情享受食物。香氛没有点，对鼻子和胃来说食物的原始味道最有诱惑力。

另外，我们还做了一个特别安排。PPT 里开始缓慢放映一些漂亮的风景照片，这些照片都是事先收集来的。

开始是播放宁波的一些美丽风景，照片下面有简单的名称标注。客户饶有兴趣地看着，不时赞叹下或问两个问题。放着放着就开始出现一些德国的美丽照片，而且这些照片不但包括了他们公司所在地区的风光，还包括了客户他们居住地所在小镇的日常照片。客户看到实在太惊讶了。每出现一幅熟悉的照片，有人就会说那是他早上跑步经过的地方，上周一家人还去那里度了假，他结婚就在那个教堂里呢，那座山秋天的时候特别美，下次我们去了一定要看看，诸如此类。他们都很高兴，而且也很自豪。

当我们给别人介绍自己出生和生活的地方的时候，我们也会觉得很亲切并自豪，还有一点激动，特别是在异国他乡，面对一群异国人士。

有舒心的音乐，可口的食物，还有愉悦的话题，午餐大家都轻轻松松，时间也转瞬即逝。

时间：拜访第二日，下午13：00。

吃完午餐，我们中间安排了30分钟的休息时间。

一方面让双方都有时间对上午的拜访进行总结，另一方面方便我们为下午的会议做调整和准备，还有就是可以稍作休整，养足精神。

时间：拜访第二日，下午13：30。

会议正式开始。这也是此次拜访最关键的地方，双方都会把彼此关心的问题和细节一一确认，对方的回答会直接关系到最终项目的走向。

按照原先的沟通，双方轮流提问，轮流回答，这也是我们争取来的。客户一直以来已经习惯作为提问者而不是被提问者，这也是被宠惯了。我们开始也是这样，每次都像被审问一样让客户调查。后来想想不对，客户问我们问题是为了收集信息方便判断，那我们也应该收集信息判断客户啊。

这个时候客户拜访调查表就派上用场了。在之前的客户拜访准备方案文章里我写过。

我们按照事先讨论表格里罗列出来需要了解的信息和问题，一一和客户进行沟通确认，包括这个项目相关的，客户公司方面的，市场/行业/竞争对手信息，还有我们特别关注的问题等，这些细节这里就不一一罗列了。

客户其实也是有备而来的，有一摞的文件表格，逐一和我们进行沟通，阵势也很吓人。幸亏我们事先有充分的准备，而且集结了老总/技术员/生产员/销售员等所有力量应对，所以还算顺利且挺有效率。

这其中，我们也做了一些小细节的安排来应对可能出现的情况。

（1）把一些额外的资料准备好，随时方便查阅。

（2）其他部门的主管也都待命，需要协助时随时可以来。

（3）备了点心，遇到一时难解决的问题就上点心，争取些时间。

（4）专门配置的会议芳香一开始就放置好了，给客户创造美好的潜意识。

最后，双方都说没有任何问题的时候，一个半小时高强度费脑子的会议终于结束了，大伙都松了口气，和客户提议击掌庆祝。

今天的工作终于完成了，击掌的时候大家都挺开心的。每个人对整个过程都挺满意，最终的结果待客户回去综合评估后再通知。

时间：拜访第二日，下午15：00。

整个拜访结束，客户离开。按照之前的计划，拜访结束客户直接去浦东机场候机，飞机是晚上9点起飞，神州专车的车已经在门口等着了。

我们不自己送客户也是考虑避免在车上大家又要找话题聊，双方都累，不说话又有点尴尬。

离开会议室之前，还有一个小礼物送给他们。还记得早上一起拍的照片吗，这个时候已经打印装裱好了，配上小小一小相框作为留念。客户很是感动！

送他们到门口，从一天前见面时的握手示礼到一天后的拥抱告别，双方的好感和信任已存心底。

时间：拜访第二日，晚上20：10。

打了一个电话给 Martin，问他们是否一切顺利。希望下次有机会再来，一路顺风！

时间：拜访后第三日，下午16：10。

我们发了邮件过去，再次感谢他们的拜访，并把确认的细节以及后续待确认的细节都一一列明，以加深客户印象并避免有所遗漏。

客户回复非常感谢，一切都感觉非常好，项目已经在论证中，月底就会通知我们。

Michael，Martin 和 Sarah 都用私人邮箱发来了感谢信，还有各种生活的照片，就是和我们会议那天给他们展示的一样的地方的照片。

时间：拜访后第二十日，下午17：20。

我们收到客户最终的决定。客户写了很长一段表示肯定和赞扬的话，说这是他们所遇到最专业和印象最深刻的一次拜访接待。客户也写了很长一段表示遗憾和抱歉的话。告知我们他们整个管理层最后评估的结果是没有选择我们，但是也没有选择中国的那家领头羊公司。他们的最终选择是德国本土的公司，因为更好沟通和协作。但是，他们以后如果有其他合适的项目或产品，一定会找我们，让我们保持信心。最后，附件里他们贴上了 Mr. President 的正式情况说明和真诚的歉意。我们表示理解，并随时欢迎他们咨询！

这样，整个拜访就结束了。

这里我有些话想说，虽然最后订单没有谈成，但通过客户的评价我们知道这是一次成功的接待。总结这次接待有如下几个要点。

（1）拜访接待要有针对性。接待的客户一定要事先评估、筛选过，这个在之前的文章，以及上篇的开头就写了。不是每个客户都要这样接待的，要根据实际情况区别对待。

（2）一定要有计划、有准备、有目标。什么接待流程，从哪里到哪里，哪些方面要准备，自己心里一定要清楚。

（3）心态很重要。不要总想着结果，结合自己的实际条件做到最好就好了，其他随天意。即使生意没做成，也可以认识几个朋友；即使朋友没交成，信息总收集了些；即使信息没有用，好歹经验积累了。

第七章

客户谈判那些事儿

Part 1 不要轻易透露客户的信息，害了自己

好多人问："客户说要我们告诉他，他所在市场我们其他客户的信息，好验证我们的服务。你说我要不要给，不给吧，客户就不理我了，错失了机会；给吧，我心里又有点担心。怎么办?"

比如这种。

土友提问：

Salina：你好，土司。我们公司是卖模板的，最近联系的一个阿联酋的客户，他要我们告诉他我们在他们当地的客户公司名，他说去调查下我们公司的服务和产品质量。我之前跟他说我们公司不告诉别人客户信息，我可以给他寄样品看产品质量，但是他回复说他仅仅要两个客户的信息。他说他是大客户，还让我给他一个中国的其他产品供应商打电话，可以了解下他们是不是大客户。

你说我要不要给他?

还有这种。

土友提问：

Harry：你好，请教一个事情。

一个新客户使劲地跟我要我交易过的客户的信息，说想跟我的客户买几个产品测试测试。你说我能不能把我的客户信息告诉他?

还有这种。

土友提问：

Pandora：你好土司，我有一个印度客户，他对我们的产品很感兴趣，价格我也报给他了，他很满意。说想谈我们产品的代理，给我们的年定量也很大。但是客户要求我们先提供一些印度市场成交客户的信息给他，方便他做市场调查。这可以给吗?

那到底要不要把其他客户信息发给客户呢？

答案是：不要给。

一、为什么不要轻易透露客户的信息

（一）对方可能是你的竞争对手

你有没有想过，如果这个客户是竞争对手伪装的，来套你的价格和客户，你怎么办。你就这么轻易地把辛苦开发出来的客户白白奉上。

这不是自掘坟墓吗？

商场如战场，并没有按条理出牌的说法，一切都是在变化中的，你不做情报收集和市场调研，并不代表别人不会做。如果别人做了，而你却轻易地上当了，那不好意思，适者生存，不淘汰你淘汰谁？

（二）对方可能是客户的竞争对手

很多客户来问，其实他更关注的是他的竞争对手从哪里采购，以什么价格采购，从哪一家供应商采购。即使你告诉他了，也不等于他会从你这里购买。竞争很多时候具有排他性，他先从你这里购买，我再从你这里购买，于我而言有何竞争力？

但是，他一旦摸清了竞争对手的供应链和采购价格，这对他在本国市场上的竞争将非常有帮助，不管是在定价上，还是在策略制定上，他都会占了先机。

你说，把自己的成交客户置于这样不利的位置，合适吗？

（三）客户知道信息被泄露会产生信任危机

很多人把客户信息发出去后，不久就被客户发现了，然后造成了现有客户的信任危机，这更不值得了。

换位想一想，如果是你自己，你愿意卖家把你的信息随意发给你的竞争对手吗？你这不是开玩笑吗，这些都是核心的商业机密，你为了讨好一个未成交的客户，结果不惜把老客户卖出去，他以后怎么相信你会保障和维护他的权益。

假如你要发，可以，征得客户同意。只要客户评估过风险并觉得关系不大，你要发多少家都随你。

所以说，不要轻易地泄露客户信息给其他客户，以免害了自己还害了客户。

二、如何回绝索要客户信息的行为

接下来又有很多人要问了："怎么回绝呢，怎么才能得体地解决这个问题呢？"方法想一想其实还是有很多的。

（一）公司规定不允许

如实告诉客户，公司规定不可以提供其他客户的信息，这个你没办法。反正不管客户怎么威逼利诱，你只要坚持自己就好了。做生意看的是产品和价格，要买的人还是会买，不会买的人你说再多都是没用。

（二）让客户换位思考

你要觉得脸皮太薄，不好意思回绝，那你也可以采用换位思考的方式拒绝。比如和客户说，如果他和你合作，以后其他客户问起的时候，你把他的信息发给别的客户，这样也可以吗？有一些客户还是比较认同这种办法的。

己所不欲，勿施于人。

（三）假借需要征求客户同意

有些一客户你怎么说他都不接受你的理由，这个时候你也可以使出绝招。你就说你需要取得客户的同意才可以，之前有协议。如果客户还是催，你就说你需要把他的公司信息先提供给其他客户评估，评估结果通过了，你再把信息发给他。

这个方法很多客户一听就放弃了，因为他压根就不想让竞争对手知道他在干什么。

以上都是不要给别人客户信息的情况，那在实际操作中，有没有可以给客户信息的情况？

这个也是有的。比如和一些知名大品牌、大客户的合作中，你就需要提供你原来合作的客户列表。当然，这些列表是来证明你有能力为他们进行配套服务的。他们拿这些信息也不是去竞争，去抢你客户生意的，而是作为一种评估你能力的参考，这在验厂环节往往都是需要提供的。

Part 2 价格报错不要怕，土司教你搞定它

最近来提问价格报错怎么办的人好多。价格刚报出去，发现错了；客户要下单了，发现价格报错了；订单要出货了，发现价格报错了，不管哪种情况，业务员都被搞得焦头烂额，涨也不是，不涨也不是。

今天分享一个土友的案例，大家或许可以从中借鉴一些思路和方法。

土友提问：

Andy："我好不容易开发的一个优质客户，被我弄砸了。之前报价时，我以为可以给客户做A款的，结果客户下了单后（50万个），我发现又做不了，我就给客户拍照看了另一款B，客户同意了，但是我忘了说两款产品单价差别很大。

现在做完货了，客户以为货款还是50万元，然后我才记起告诉他单价变了，他付的钱只够15万个产品的，客户很生气，说不管哪个款式，他只要50万个。讲道理，客户也不听，主要是他也怕他经理说他，所以他反应特别大。

他这次订了我们十几种产品，一个柜将近30万元货值，而且本来准备订下周一的船，现在客户要我们解决这事才付余款，但是我们这边一来没时间，二来这种产品我们补货就会亏死。

这事也是我的错，但是我们也不能给他补货啊，可是客户坚持认为我没有和他说价格就做决定了，是我们的错，要我们补够50万个货。

我不想因为这件事失去一个很有潜力的客户，昨天他还在跟我说他们在筹备下个月的订单，让我把我们的新产品推荐下，还说我是他见过最好的供应商。

结果昨天晚上他准备付余款时，我跟他说了这事，客户一下子就炸

了。说我们在玩他。”

我：“你这错误犯得太大了，我要是客户不气死才怪。你先缓和两天，就说你们想想有什么解决方案，让他先消化下。”

Andy：“我现在也后悔，我经理还不知道，而且更糟糕的是……”

我：“还有更糟糕的啊?”

Andy：“客户这次还订了其他供应商的货，和我这个高柜一起走，准备走12号的船。客户是中东的，下个月7号是他们的伊斯兰斋节，要是因为我这个货耽误了船期，后果很严重。因为斋节一个月，海关好像一天只上班一两个小时，如果货不能在斋节前清关，容易滞港，产生巨额费用。

我好不容易开发的大客户，一年可以增加我至少几百万元的业绩。而且这个客户还不比价，他说只和我合作，哪里去找这种客户。”

和这个土友聊完之后，我花了十几分钟给她想了个方案。

一、分析当前形势

（一）业务员犯错会内疚

很多人说业务员怎么会这么不细心，这样的傻瓜式错误也会犯。的确，业务员应该批评，也可能有些公司会立马处罚。但是我想说，这不是当务之急。批评和指责业务员并不能解决问题本身。我始终认为选择做业务的人都是有责任心的，犯了这样的错误，她自己肯定已经很自责、很内疚了。另外，即使再有经验的业务员，哪怕是老板，遇到这样的事情都会慌。会慌是很正常的事情，这个时候立马和客户沟通很容易让客户情绪化，造成过激反应。

所以，业务员务必等慌完了，再大家一起沟通，一起想解决办法。

慌多长时间？因人而异，因事大小。

（二）公司、老板拥有更多资源便于解决问题

发生这样的事情，业务员肯定是要第一时间上报公司的，这样也可以让

经理、老板有个心理准备，然后才能想具体应对办法。

经理、老板因为经验更丰富，了解的信息更多，可以调度的资源更多，承担责任的能力更大，可以决断的权利也更大，所以更能根据全局进行判断、分析和权衡，然后制定出切实可行的方案。

这个时候，切不可把事情丢给业务员，一推了之，此时就要体现出团队的能量来。

（三）客户与业务员在同一阵线

客户听到这样的事肯定慌不择路，所以，你也要给他 1 到 2 天的时间消化，然后他才能平静下来分析利弊。

Andy 这个客户是中间商，还是个底层职员，他会面临最终客户和上司的巨大压力，所以他一定会给 Andy 最大压力，不管是邮件还是电话上，他肯定态度很强硬。遇到这种情况，你要明白，客户其实要的是你给他最快、最佳的解决方案，这样他自己才能脱离险境。从这个角度来说，客户和你是同一战线的，他会协助并配合你来解决此问题。

（四）卖方在当下享有主动权

Andy 这个案例中因为她们公司已经收了预付款，而客户的客户也催得很急，就这个单子本身来说，Andy 还是有主动权的，客户是被动的。

为什么这么说呢？因为客户会想，Andy 她们公司要是不发货怎么办？她们要是不退钱怎么办？商场上不乏这样处理类似问题的公司，他就给客户发 15 万个货，其他的不管了，或者干脆就不发货。从商业道德上来说这样做很没信用，但从现实角度来说这也是无奈之举。

的确是供应商报错价，但现实是供应商要贴进去 35 万个货物的钱，这亏损谁承担合适？谁都不合适。

就当前来说，供应商是主动的，客户是被动的。就未来来说，供应商是被动的，客户是主动的。供应商没信用，那未来的订单肯定就拿不到了。

这样一分析，业务员就有底了。虽然是业务员的错，但业务员还是有退路的，而客户是没有退路的。也就是说，就沟通上业务员是可以谈条件的，而客户不可以。

（五）交期越紧张，谈判余地越大

案例里提到了另一个严重的问题，就是交期急迫，我们也来分析下。这个货和其他供应商的货拼柜走，而且要赶在客户斋月前清关，可谓非常急迫。Andy 这边货出不去会影响其他供应商的货也出不去，进而影响客户的生意。

从这点上看，客户也比供应商被动，比供应商着急，比供应商更急迫地要解决订单的问题。反之佐证，供应商可谈条件的余地更大。

另外，斋月期间海关并不是不上班，只是上的少，如果说提前和有相关经验和能力的货代沟通好，哪怕多出点费用，也还是可能清关的。

所以，在处理时间问题上也不是毫无空间的，这对供应商增加谈判的筹码是有帮助的。

业务员的心态平复了，客户的心态你也摸清了，订单和交期分析过了，这个时候就可以开始定下解决目标了。

二、确定解决问题的目标

什么是解决问题的目标？就是你想要的结果。

就这个案例来说，从业务员的角度看，她想要的结果按好坏排列如下。

（1）客户接受新价格，先接受 15 万个货，再付定金订购另外的 35 万个货，双方继续合作。

（2）客户接受新价格，50 万个货供应商给予优惠，15 万个货先出掉，后续 35 万个货客户付定金供应商生产，双方继续合作。

（3）客户接受新价格，15 万个货供应商给予优惠，另外 35 万个货供应商给客户推荐一个类似 A 款的 C 款或从别的供应商处购买 A 款给他，保持继续合作。

（4）客户接受新价格，15 万个货出掉，结束合作。

（5）客户接受新价格，15 万个货供应商给予优惠出掉，结束合作。

（6）客户不接受新价格，15 万个货先出掉，后续供应商补偿 35 万个货，双方继续合作。

（7）客户不接受新价格，供应商也不接受补 35 万个货，且不退定金不发货。

很明显，（1）是Andy公司最想要的结果，（2）、（3）其次，以此类推。（6）是客户最想要的结果，（5）、（4）其次，以此倒推。越往中间，双方可接受的可能越大，而（7）是双方都不想要的结果。

目标定好了，接下来就要开始定具体的操作方案了，操作方案也有目标，就是要尽可能达到你最想要的结果。

有人说（1）怎么可能？我不反驳你，我也觉得它可能不大，但是我想给你讲个道理。公司请你来是干什么的？是来解决问题的。招销售员就是解决销售的问题，招采购员就是解决采购的问题，招技术员就是解决技术的问题，招单证员、招会计就是解决单证、会计的问题。

你解决问题的能力越强，你的待遇就越高；你解决不了问题，或者你是来制造问题的，或者什么问题都要老板来解决，那招你来干嘛？所以，你总是要朝这个方向去努力的。别没试就说不可能。做了，再说。

三、制定解决问题的方案

根据目标列表，我们开始出方案。首先，定出两个原则。第一，全方位沟通。什么意思？就是Andy公司组成包括业务员、业务主管和老板的沟通团队，互相配合来和客户那边的采购员、他的经理和老板进行联动沟通。没有可做决定的人参与沟通肯定是行不通的。

第二，多层次沟通。什么意思？就是根据目标的不同分层推进沟通方案，目标（1）没希望了，推目标（2），目标（2）没希望了，推目标（3），不断根据实际情况进行调整。

结合上面所有的分析、判断和考虑，解决问题的方案如下。

第一步：排查。先仔细排查当时所有的邮件和谈话记录，找出造成此问题的节点。尽可能去关注沟通中有没有存在客户过失的信息，如果有，那可大大增加谈判筹码和回旋余地。如果没有，那就明确是你全责。

第二步：发邮件。让业务员发一封邮件，阐明都是个人的过失，不是公司的，如果客户一定要50万个货的话，个人是没办法赔的。这个是实情，可以降低客户的期望。另外，告知客户公司已经成立三人小组来寻求最佳解决方案，但明确告知他公司不可能做35万个B款产品给他。把目标6堵死，让客户不存幻想。同时业务员在邮件写详细说明A款和B款的区别，B款的优势和市场行情，以 A 款的价格的确买不了 B 款，客户也可咨询其他供应商求证。这也是顺便试探客户对目标（1）的反应。

第三步：等客户回复。业务员前一天已告知客户价格算错的事情，第一天客户回复措辞强烈很正常，因为采购员希望自己能解决这个问题。可是上面一封邮件过去，他肯定要和经理、老板汇报了。汇报完了，回的邮件自然又是一封措辞强烈的邮件。因为经理和老板也会慌，会愤怒。

第四步：晾一天。晾一天，不行就两天。有人说为什么？因为要让客户有时间去消化和平复这个坏消息，气头上怎么谈都不会有结果。同时，这也会让客户开始着急，上面说过，客户会判断自己的形势和底线，他怕真的谈砸了供应商会不发货，也不退钱，那他就比供应商还麻烦了，他上面还有客户要交差呢。你不理他，他真的会很着急。

第五步：主管介入。晾两天后业务员给客户发邮件，表示道歉并告知他你们公司一直在努力寻求解决方案，你公司主管和老板都会介入，让这个采购员对应安排他的经理和老板来对接沟通。

这样可以让客户知道你们公司没有逃避这个事情，而是十分重视，同时也帮这个采购员卸下压力。

第六步：主管发邮件。和对方经理、老板建立联系后，主管要发邮件过去。大意和业务员发的那封邮件差不多，致歉，说明 A、B 款差别，B 款的优势和成本等，同时说已经快递了 A、B 款的实样给客户核对。这样会不断加深客户对 B 款产品的认知。另外也继续推荐并试探客户对目标（1）的反应，并问客户是否有更好的解决方案推荐。

第七步：继续晾。邮件发出去了，还是要等客户回复，客户不回复就继续晾一天。有些人想一两天双方就达成共识，这是不可能的。生意是直接涉及双方公司和个人利益的事情，你来我往的谈判和交手再正常不过，所以要控制好节奏。

第八步：推方案。一般情况下，客户也不会先出方案给你的，如果有的话，那就算好运了，说明客户已经开始退让了。如果客户还是坚决拒绝目标（1）的方案，那你就要退一步，开始推进目标（2）。因为一开始你就跨到了客户最难接受的目标（1）这一步，现在每降一个目标，在客户看来都是你让步了。

主管根据事先公司沟通的结果给客户建议目标（2）方案，50 万个产品给客户一定的优惠，帮客户算出省了多少钱，发货方面 15 万个货先走，后续 35 万个货尽快安排。当然，你们也可以设置 2 ~ 3 个不同的优惠幅度供谈判和回旋。

第九步：老板出面。目标（2）方案推给客户后，客户还是会拒绝的，这个时候就要以老板的名义出面沟通了，沟通的话当然和业务员、主管说的话差不多，说说 B 款的区别，现在的价格有多实惠，这是你们最大的诚意之类。

这个时候需要老板坚持一下，一方面继续加深客户对既定事实的印象，另一方面让客户感受到你们的重视。

如果客户继续坚持的话，老板和主管尽量直接去跟客户面对面沟通，这样可以让客户看到你们公司的诚意，也能快速恢复对你们的信任，会非常有利于问题解决。

如果客户还是不接受目标（2）的方案，那你们又可以再退一步，开始推进目标（3），流程和节奏就像目标（2）一样。以此类推，反复沟通。

至于哪一级目标才是底线，就要看公司实际沟通的结果了。可能有些公司的底线是目标（2），有些公司是目标（4），看每个公司实际情况。反正方法是一样的。

无论怎么沟通，就像前面说的，供应商是有最后选择和保障的，钱收了货没发，而客户是没有的。这一点把握住，主动权始终都在你们手里。

当然，这对客户来说不公平，只是，天底下哪有绝对公平的事呢。我只希望这样的事情越少发生越好。

Part 3 客户不付快递费，这样处理就对了

客户不付国际快递费怎么办？有人说，国际快递费很贵吗？贵，是真贵，而且更贵的是到付。

前几天一个土友在朋友圈里给我留言，说他寄了 186 公斤的货到美国，结果客户拒付，后来 DHL 找他们公司结账。账单一亮，折合人民币三万多元。

又有人说了："客户不付，我们也不付。"走过国际快递的人应该都知道，

办账号的时候你是要签一份协议的。你可别小看了这份协议，里面快递公司该规避的风险条款方方面面都涉及了。

你要真不付快递费，人家也是有办法的。要不了多久，律师函就来了，你再不应对，接下来法院传票就来了。反正不管你怎么躲，怎么跑，不出庭也好，法院判决下来，你不但要付运费，还要支付败诉产生的一笔费用。

假如你就是不执行法院判决，怎么办？你就上信用黑名单了，不要说开公司，自己生活都大有影响。所以，你要面对现实！

一、如何降低客户不付快递费的风险

快递费用那么贵，又不能不付，怎么办？

今天就分享一个土友的真实案例，虽然案例中的方法不能应对所有的情况，但至少提供了一种解决问题的思路和方法，我觉得还不错。

土友提问：

土司，你好！我年前寄了个到付快件给客户，但是产品颜色错了。这个颜色是客户确认好我们才生产的，为了帮他赶时间我就直接给他到付寄过去了，用的是 TNT 国际快递，然后客户通知我说产品颜色错了。

我说可以免费给他重新做一批，但是他要把原来的样品退回。他给我寄了个到付件，我叫他改寄付，然后再给他寄后面的货，结果他一直没改过来。

TNT 现在问我们要钱，说这票货是我们发起的，而且这个货物还在 TNT 手里，他们说逾期不付费货物会退回国外。

这票货按道理算客户寄给我们的东西，怎么要问我们收费，我们都没有账号。如果对方拒付，他应该当时就通知我们，TNT 也应该告知。我们这个货才 110 美元，现在来回运费 800 美元。后来我们就直接和 TNT 说清楚了。我们有客户同意支付运费的邮件，而且我们也没有 TNT 账号，也没在面单上签字。TNT 没办法，后来只能想办法向国外客户要钱了。

我把他的邮件看完之后花了十分钟才把里面的逻辑关系搞懂，然后又花了十分钟才把里面的解决思路，或者说把漏洞给找了出来。

这个案例，我们先要从反面去理解，这个国内的土友才是最终的客户，国外客户给他寄了到付件，结果她成功地拒付了。

然后我们再反过来思考：就是如何让对方不能拒付呢？

（一）不要寄给没有快递账号的客户

不要寄到付件给没有快递账号的客户，就像上面这个土友一样。她没有账号，没有签协议，所以 TNT 拿她没办法。哪怕是她发起的快递，TNT 也无计可施。

（二）保留客户同意支付运费的邮件作为证据

这点非常重要，比如这个土友，他用的是第一次寄样给客户时客户同意支付运费的邮件，而实际上这票货产生了三笔运费，第一笔是寄过去的，第二笔是客户寄到付快件给土友的，第三笔是 TNT 又要把货物退回给客户的快递费。

（三）确认客户是否在面单上签字

好多人说客户把货拿走了，结果还是拒付快递费。你要和快递公司隐晦地确认，客户有没有在面单上签字，如果他签字了，而且你还有客户同意支付运费的邮件，你就坚决要求快递公司问客户收钱。

签字就意味着同意支付运费。而这个土友没有签字，所以 TNT 想赖他身上也赖不了。各位记得，有时候没账号，可是你签了字快递公司也照样可以问你要钱。

二、寄到付件应该注意哪些事项

（一）不要给信用不好的国家或地区的客户寄到付件

寄到付件，其实就是信用问题。有些信用好的客户，哪怕样品不合适他也会按承诺支付运费；而有些信用不好的客户，哪怕样品没问题他也不愿付运费。

北美、西欧、澳大利亚，日本和韩国这些国家和地区的客户普遍信用较好；而俄罗斯、中东、中南美洲等国家和地区的客户信用相对处于中等水平；

最后东南亚、南美、东欧和非洲等国家和地区的客户则信用相对较差，更容易出现拒付情况。

（二）尽量避免给新客户寄到付件

很多新客户一上来就要免费样品，然后让你寄到付件，遇到这种情况很多新手都容易上当，到最后客户拒付自己损失惨重。

外贸人要知道免费的东西人往往都不太会珍惜。

（三）已成单客户或合作老客户可信任些

有些客户已经成单了，然后你要寄到付样品、文件给他，你承受的风险会小很多。还有些一直合作的老客户就不用说了，即使哪天他真的拒付运费，那你之前也算是赚到钱了，不算纯亏损。

当然，具体情况还要具体分析，合理掌控风险非常重要。

Part 4 老板说不做客户的货，你该怎么办

工作中，我们经常会遇到一些“突发”情况。老板说，这个客户他不做了。供应商说，这个订单他不做了。这个时候，你该怎么办？是继续和老板争辩？还是给供应商压力？又或者自暴自弃，和客户直接说，你做不了了。怎样处理这个问题才是最好的解决办法？

今天针对一个土友的提问，我分享一些技巧和看法，希望对你有用。

土友提问：

Wendy：“土司，今天我做了一件冲动的事儿。老板是个暴脾气，昨天晚上我收到一个客户打的钱，然后客户今天问什么时候可以交货。因为我们公司是做模具的，要先出图纸，所以我就问了老板什么时候可以出图纸（工厂小，老板包揽一切）。然后老板就不耐烦了，说：‘我们不将就这样的客户。不做了，立马退钱给他。’土司你说我们业务员接一个

单容易吗？他一句话说不做了就不做了。虽说单不大，但也不能这样啊，我跟他说：‘客户只是问了一个交期而已，你不至于这样吧。’他就开始数落我们业务员没有尽职，老是站在客户的角度想问题，从来不考虑公司的利益。’

我自认为自己在工作中很认真，很努力。可是老板就这样子一句话否定了我所有的努力。你怎么看？”

如果是你，你会怎么看？我想每个人对这个事情都会有自己的看法。而大部分人可能会认同 Wendy 的感受，业务员好不容易接个单，老板说不做就不做，业务员怎么面对客户，怎么向客户交代，怎么做业绩，没业绩怎么拿提成……

我们现在先来分析看看，Wendy 的做法有没有问题？答案是没有问题。客户打了钱，问什么时候交货。她第一时间去和老板确认。这有没有错？没有错。无论是就事来说，还是就客户服务来说，都没有问题。

但是，这里面有一点问题。从 Wendy 短短的描述来看，她是很了解自己的公司和老板的。她知道自己的老板是个暴脾气，暴脾气的人有个特点，就是说话不过脑子，容易冲动。所以，有时候说的话会很冲，很难听。但是，这不是他的本意。

他是暴脾气还能当老板，那说明他还是很精明的。只不过他情绪上来会说些气话而已。情绪过了，他就会回头来处理事情。

Wendy 还知道自己工作的工厂小，老板包揽一切，包揽一切是什么意思？就是大小活都要老板干，也要老板管。像这样的小工厂，事情一多，老板就相当于在救火。那救火该怎么救，当然是哪里最急，先救哪里。

那目前确认交期是不是最急的事情？在老板眼里，那肯定不是。他肯定有别的更紧急的事情在做，或者在考虑。

对客户来说，确认交期是不是最急的事情？也不是，确认交货期这样的事情，花个 2～3 天是很正常的事情。何况这个客户已经付了款。所以，这个事情也不是非得马上解决不可。

再来看老板数落她没有尽职，老是站在客户的角度想问题。这句话有没有问题？说实话，还真没说错。

其实老板说这句话的意思是，她没站在老板的立场想问题。老板那么忙，紧急而又重要的事情那么多。她明明知道这些情况，却被客户一问就立马来找老板，她有考虑过老板的问题和角度吗？她不能观察下，等老板稍微空点或情绪好点的时候来问吗？哪怕晚一天也没关系啊。

最后，我们来看努力这个词。努力，我们该如何理解。按我的理解，努力就是解决问题的能力，时间和精力上的付出都不能算真正的努力，真正的努力是可以看见的解决问题的能力。其实，也可以说是结果导向。

如果你已经在公司工作一段时间，那么类似的问题你可能已经问过很多次，这个时候你是否可以自己做个大概的判断，然后直接回复给客户。这些事情都是有规律的。如果你的确无法判断，那么你是否可以留意观察下老板的状态，找他不要那么忙，或者情绪不要那么糟的时候去沟通。

即使你一定要沟通，按照你对老板的了解，他发火的时候你是否可以保持冷静，而不要自己情绪也上来，直接顶上去。

跟老板顶嘴的结果是什么？就是回过头来，大家陪你一起被老板批评。

努力不光是时间和精力上的付出，也包括学会沟通。努力去学会判断形势，因势利导；努力去学会了解他人，换位思考；努力去学会把控节奏，循序渐进；努力去学会调节自我，内外兼修。最后，我说下这个老板的处理结果。老板肯定是会去核实交期的，老板也肯定不会退钱，这个客户的货他肯定也是会做的。

第八章

收款、付款那些事儿

Part 1 客户拒绝付款，9 种办法拿下他

最近，咨询客户不付货款或余款的人挺多。

先来看看这个土友给我微信的留言。

土友提问：

土司老师我有一个澳大利亚的订单，收到定金后我们开始生产。出货之前我跟客户要余款，客户说他公司会计的妈妈去世了，所以让我们先出货。然后我们就先出货了。

在我发出货的照片给客户要余款时，他就说我们的包装有问题，他不要这个货了。当时船已经开了，我们就问客户如果他不要货的话，我们也不退定金，他是否还是坚持不要。我们的产品质量都没有问题，包装也是安全的，可客户回复就是不要。

因为我们是小工厂，还是希望客户收货，加上货就要到港了，也没有其他客户要。我们就说给客户打折来解决这个事情。结果客户把价格一砍再砍，砍到只有余款的一半，然后他又开始拖延付款，一直拖到货物到港，过了免租期。

现在他跟我们说降价他也不要。我们也问了货代，把货物拉回来费用和货值差不多，不划算。现在我们都不知道怎么办才好，明知道客户有预谋却无计可施。

请问您有没有什么好的建议?

看完她的留言，我不禁感慨，外贸人必须注意防范客户拒付余款这件事。除了上述案例中提及的不付余款最好不要发货外，还有几点要注意。收到银行的水单不要安排生产，不要给客户寄样品，不要发货，更不要给客户寄提单。万一防不胜防，你遇到了客户拒付余款的问题，解决的方法有很多，接下来我一一分享给大家。

一、以其人之道，还治其身

这是我比较中意的办法。其实从案例中介绍的整个过程来看，这个客户人品很差。如果大家都这样来做生意，那生意还能做吗？付点定金，等货到港了说不要了，然后让供应商打折，打完折又不要，再要求打折，反复无常，将供应商逼到绝路。

他其实就是觉得供应商舍不得把货拉回去。既然他不守信用，那你就以其人之道，还治其身。

他不是要求你打折打到余款的一半吗，70%/2＝35%。没事，你还给他降，就说老板不想麻烦了，给他降到20%，货全给他，这是底线。客户如果付了余款后，你先暂时别放提单，以便拥有一些主动权。

他问你为什么不放提单，你就说财务最近在查账，没办法办理业务。

他要货，你再叫他付20%的货款，反正就这么操作，直到最后他付清全款，有什么滞港费全叫他付。

不管他最终付多少，付一点你的主动权就大一点，损失就少一点。

二、假卖给其他客户

其实这也是一个可以尝试的方法，不过你要把握好节奏。你和客户沟通说你们已经找到了其他的客户愿意接手这批货物，并按已收定金比例把货物打折卖了，然后发一份弃权声明给客户，让他签字确认放弃这批货并不要求退定金，让他在几天内签字。如果他不签字也算默认放弃，然后晾他几天，看他的反应，试探客户的真实意图。

有些客户一看你发这样的信息真的会慌，然后口气会软下来，那基本上这事就解决了。如果客户说好，那说明他真的不想要这批货了。这时候你就要用别的办法了。

三、给客户施加压力

凭什么客户可以给你施加压力，你不可以还回去。你把所有能给客户带来压力的内容都列给他，告诉他如果他单方面违约你会怎么做，他需要承担哪些后果。

记得不要一次性告诉他，一天发一条。告诉他你准备采取如下措施，给他施加心理压力。

（一）告他商业欺诈

告诉他因为他涉及商业合同的违约，你会找本地和客户所在地的律师起诉他的公司，要求他赔偿。判决一旦生效，他来中国就会被扣留。

在欧美地区，商业法、贸易法其实都已经规定得很细了，客户他自己很明白。

（二）中信保黑名单

告知客户，你会向中国出口信用保险公司（中信保）投诉，要求中信保把他公司拉入黑名单，从此任何公司都可查询到他公司的违约行为。

（三）海关黑名单

告知客户，你会向中国海关投诉，要求海关把他公司拉入黑名单，如他公司从中国进口其他产品，海关会扣留并直至优先偿还你公司余款。

（四）阿里巴巴黑名单

告知客户，你们会向阿里巴巴投诉，要求阿里巴巴把他公司拉入采购黑名单，让所有供应商都看到他公司不道德的商业行为。

（五）大使馆介入

告知客户，你会将此情况反映给中国驻澳大利亚使馆和澳驻华使馆，让使馆出面协助解决此事，可能的话会冻结他来华的签证。

（六）行业协会介入

告知客户，你会将他公司的此种行为投诉到中国该产品行业协会，同时也会投诉到客户所在地的行业协会。

（七）社交网络曝光

告知客户，你会将他公司的此种行为在他当地的社交网络上进行公布和传播，让他的朋友、亲人、合作伙伴，都知道他欺骗供应商。这条其实比较狠。

上面这些事情都是可以拿来给客户施加压力的。虽然你不一定会去做，但你通过正式的公函发给客户，很多客户也会害怕的，他绝对也没考虑过事情会这么严重。或者你也可以花点钱委托客户当地的律师帮你去沟通下，可能效果会很好。一方面客户知道你不是说着玩的，另一方面这事在当地传开对他肯定也是不好的，客户会顾虑自己的声誉。

上面的三个方法，都还算可行性比较高的办法。下面的方法可行性会差一些，也供大家做个参考。

四、真卖给其他客户

在核实出客户真的不想要货物的意图之前，你就应该和当地的其他客户，或者周边国家和地区的客户进行沟通，把货物打折卖给他们，他们是否有兴趣。

如果有客户感兴趣那最好，至少留了一个解决问题的后路。如果找不到其他客户愿意接手，那还可以用第一个或下面的办法。

五、找货代想想办法

有些有实力的货代，在当地有代理，服务的客源也广，有时候可以让他们帮忙想想办法，或卖给当地的其他经销商。当然，采用这个方法估计也得亏不少，可行性相对不高。

六、找牵线人或安保公司

国外有专门的收佣金帮忙牵线买家和卖家的中间人，叫 sales manager（销售经理），你在 LinkedIn 上输入“sales manager in 加上国家名或地区名”就可以找到他们。找到中间人后你可以把货物改由他们提货，让他们把货物作为样品销售。

或者你可以在对方国家或地区找个安保公司，给他们佣金委托他们收款。

这种方式耗时耗力，比较难。

七、把货退回来

如果在目的港免费存货时限快到之前你未能找到新买家，也不想便宜了客户，就把货退运回来。其实退运的费用也没那么高，首先一年内退回的货是不用进口报关与报税的，你只需承担海运费用。海运的话就让货代用最慢、最便宜的船次来运输，以节省成本。但是有些情况退运需要收货人同意才可以，这种就没法操作了。

八、就地报废

客户不要，自己又不想退回，那就申请就地报废。一般过了期限无人查收的货物海关会拍卖，只是原来的客户会获得优先权，不过总比送给他强。

九、上门要债

其实这也是一种方法，只是我个人觉得有点费时费力。

如果你不想放弃货物，那就直接去见客户。你要做好两手准备，一方面和客户面对面协商，让客户在合理的条件下提货付款，显示你们的诚意。另一方面告诉客户你们有决心和能力把货物运回来。

针对案例中这个客户，上面的这些方法，其实我还是比较喜欢第一种和第三种，干脆，而且解气。

当然，外贸人最重要的是控制付款方式，规避风险。

Part 2 100 万美元货款，客户不付钱的 8 个解决办法

土友提问：

土司您好，我有个合作了一年的客户，他之前订的 4 个柜子的货，每次都会来厂里验货，付款也比较正常，有的货我们刚发货他就把钱付过来了。

后来他又订了5个柜子的货，要求分两次发货。第一次我们发的两个柜子货物快到港时，他汇的款因为转账写错没有到账，我就先电放给他了。后面3个柜子的货物因为船期紧挨着，我们也都把货物电放给他了。而且，后面3个柜子快到港的时候碰上汇率变动，我们也根据变动给了客户折扣。

现在5个柜子的货我们都放给他了，可他迟迟不付款，并且找理由说我们的产品质量有问题。其实我们知道，客户不付款的主要原因是那款产品的市场近期不太好做。

因为一直等不到他付款，我们上个月就去了他公司。他的货确实没卖掉，还在仓库。

当时我们也没找到合适的解决办法，回来的时候他给我们签订了一份付款协议，按照协议规定从十一月份到一月底分批付清货款。但我们回来后，客户也没按协议规定付款。

我问了他几次，起初他不回复，前几天他又答应想办法先付一笔。结果今天他又搬出产品质量问题说退货。但是，货我们可以拉回来，可他要求我们把货拉过去产生的所有费用都先付给他，他才会同意。

现在我真不知道怎么办了？我想问下，凭协议起诉他有用吗？

虽然我每天会解答很多土友的问题，但是像这样严重的问题还是第一次碰到。这么多年来，我自己也没遇到过。当务之急是找到一个最好或者损失最小的解决方案。

如果要把货物退回来，来回费用很高不说，客户还不一定配合，退回来的货能否卖给其他人也是问题。

按照我这些年的经验，如果起诉客户，跨国起诉费钱、费力、费时，而且效果甚微。

于是，我把土友的问题发到了朋友圈，这里我把众包来的解决办法整理，并结合自己的经验分享给这位土友，也一并分享给大家做参考。

一、委托收款

找当地别的客户或朋友去谈判。让他们去收账，能拿到多少是多少！

二、给客户施压

不管客户是不是找借口，给客户点折扣，先让他付部分货款，如果客户还是不付，最后就和客户说，如果不付款，在中国所有同行及中信保将会把他们公司拉入黑名单。

三、另寻买家

市场不景气，导致货卖不出去，你可以在当地或者邻国寻找买家，这边继续跟客户协商，中信保也可以追债，但是货款可能要打对折。

四、国际官司

永远不要做这样的事，土友的公司曾经也有过类似经历，几百万元的损失，都两三年了，官司还没结束，即使国际官司赢了你也很难拿到钱。

五、帮客户卖货

看客户在哪个平台上卖货，你自己拍一些专业的产品图片，让客户上传，帮助客户把货卖出去。实在卖不出去，你跟客户谈新产品的合作，那批货就当促销品。

六、吃住他家

带上所有的交易记录和凭据上门讨，不给钱就不走。

七、使馆协调

最好找当地的大使馆协调，土友之前也遇到同样的问题，后来是当地使馆的商务参赞协调解决的，很快。

八、投资入股

这个是目前我个人比较认可的方案。之前有土友的公司遇见这样的情况，有 200 万美元货款，最后通过这个方案解决了，而且还进一步巩固了他们和客户的合作，并开拓了市场。

从之前的走货和沟通可以看出客户是有实力的，那么短时间销售那么多货柜，他应该也有自己的销售渠道和市场。后面5个货柜货物的积压，可能是他太急于求成造成的，从聊天中可以看出他碰到了困难，他不付款跟产品质量没一点关系。

从现状来看，这钱一时半会儿是拿不回来了。走法律途径、走收债公司自己都要有损失，同时会损失一个曾经合作很好的伙伴，以及未来的潜在合作伙伴。

既然钱怎么都拿不回来，都要损失，何不跳出这个思维模式。现在大家都在走出去，你不如委托中信保对客户公司进行调查，调查客户公司运营及市场营销等一切信息，然后对客户公司进行评估。

综合评估后如果你们觉得可行的，跟客户谈判以货款方式入股或收购其公司，救活他，这样你不费一兵一卒进入到了这个市场，并有了自己的销售公司。客户也会很感激你救了他。

一开始你可以不要说入股或收购，先让对方提出他实际的困难，然后你说可以去帮助他，把他公司救活。你把货款当作入股的条件，他也可以在公司起死回生后把货款还给你。

上面的这八个方案都是从实践中总结而来。在实际的商战中不同的情况也适用不同的方法，我个人认为没有好坏高低之分，只要能解决问题的方案都是好方案。

另外，我想说说关于付款的问题。

每个公司都有自己的付款条件，不管你是30% T/T预付70%凭提单，还是L/C90天（见汇票和单据后90天付款），DDP30天（完税后30天交货）等。公司制定这个付款条件肯定是充分考虑了自己实际能承担的风险的。

即使有些付款条件有风险，也会采用对冲方案来规避风险，例如中信保、信保等。如果每个业务员和公司都坚持自己的付款条件的话，风险都是可控的。问题就在有些业务员和客户谈着谈着就失去底线了。

有一些生意的确不是你能做的，你就不要勉为其难接下，最后自食其果。

风险是一个跷跷板，客户轻了，你就重了，对手重了，你就轻了。

Part 3 邮箱被盗、货款被骗的解决方法和注意事项

我简单统计了下，我认识的外贸人中竟然有60% ~70%的人或公司被骗过。如果放大到整个贸易行业，再把时间轴连接起来，那这个损失的金额将无比庞大。一个供应商被骗，也就意味着一个客户被坑，一次商业合作的终结，也意味着一份信任的破灭。这会影响一个群体对另一个群体的信任和认知。

今天我就要分享下如何预防邮箱被盗、货款被骗，以及遇到此问题后的解决方法。

一、被骗的货款是可以追回的

如果你及时发现客户已经给骗子汇了款，那需要马上按以下两种方案来紧急处理。

第一种方案：

第一步：让客户立即给银行发出取消汇款的指令（涉及诈骗，非银行工作时间他们也可以紧急处理）。如果能中止汇款那是最好的。

第二步：如果款已经汇出了，让客户立即报警，同时通知客户银行发加急电报给收款银行冻结此笔款项，这个很迫切！

第三步：收集往来邮件，让客户立即发委托书给你们，你们带上相关证据去骗子的收款银行，有些骗子会开我国的离岸银行账户，你们要让银行暂时冻结款项，直到收到客户银行的加急电报。这种情况一般要在收款行所在区报警立案，但警局通常会以证据不足为由不予立案。所以突破口在银行，你要和银行沟通，以诈骗为缘由申请“临时止付禁令”。“临时止付禁令”有五天有效期，在此期间就算钱到了账户，诈骗人也取不出来，除非他拿身份证去网点申请取消。

第二种方案：

如果第一种方案没有来得及阻止货款汇到骗子账号，那可以采取另一种方案。

第一步：客户与你方一同立即报警，并携带相关证据要求收款银行（骗子的）冻结骗子的账户。这里要注意，不是冻结此款项，而是骗子的整个账户。

第二步：账户冻结后，开始进入司法程序，就是打官司。这和你处理国内的商业纠纷一样，如果对方拖欠你货款，你可以提交证据，要求当地的法院立案，然后冻结对方整个公司账户，直到官司终结。你赢了，法院判银行划钱给你，你输了，骗子照样把钱取走。

这种情况会比较费时、费力、费钱，但总归是可能要回货款的。一般建议大家在国内立案，就是客户委托你来处理此事。如果客户在当地也比较熟络，则可以让他自己处理。

二、被骗是可以避免的

如何避免被骗，这里给大家分享一些方法，让你在邮箱中毒了的情况下也不会被骗子骗走货款。

（1）新客户首次付款，你要多渠道和客户确认收款账户，例如你可以通过邮件 + 电话 + Skype 等渠道多次确认。

（2）如果公司更改账号，一定要出正式的通知文件通知老客户，并通过邮件 + 电话 + Skype 等多种方式确认。有些公司会以快递文件通知为准。

（3）日常邮件或公司网站上声明公司账号只有一个，且注明信息，让客户留意，如账号有变动你会电话通知他。

（4）收款账号不直接放在 PI 形式发票里面，专门做一个收款 PDF 加密文件，密码通过电话、短信或 Skype 告诉对方。

（5）开通和绑定邮箱异地登录需输入手机验证码功能，就算密码泄露、邮箱被盗，骗子也登不上邮箱。

（6）绑定办公室 IP 地址，只能在公司里收发邮件。当然，你就不能在其他地方回邮件了。

还有个别情况也可以避免被骗。

（1）有一些客户自己比较仔细，发现供应商账号更改了会通过电话或 Skype 确认。你邮箱被盗，客户会主动发现并通知你，这是比较幸运的情况。

（2）有些银行比较负责，如果客户给某个供应商长期汇款，有一天银行发现收款账号更改，而抬头非常类似，会要求收款方出具改账号声明。这种情况比较少见，遇见了算中彩票了。

上面这两种情况只要有一条可以实现，那即使邮箱中毒被盗也是没关系的，因为你可以第一时间发现并做出处理。

三、被骗是可以预防的

邮箱被盗、账号被改、客户被骗、货款被窃，最重要的原因还是疏忽，因为你没有做好安全防护，导致邮箱中毒，被骗子盗取，并与客户进行了联系。

换位想想，如果你是客户，平常都是和这个邮箱、这个联系人确认所有事情，哪会想到今天或者昨天的邮件是另一个人发来的呢？邮箱一样，联系人一样，文件一样，真的很难辨别，所以最重要的还是要做好防护。

这里有几点需要注意。

（1）不要乱点不熟悉的联络人发来的附件和链接。按我的习惯，任何人发来的链接我都不点。为什么？因为客户的邮箱也有可能被盗，然后发病毒文件或链接给我。

①邮件里的链接不要点。

②附件如果是链接也不要点。如果客户真要发文件，让他发图片或 PDF 格式的文件。

③附件是文件但里面有链接也不要点。附件是 Excel 格式，里面打开有链接，最好也不要点，除非是你能判别的客户公司网址之类的链接。

（2）定期更换邮箱密码。收到邮箱登录异常的提醒，立马查看邮箱登录记录并修改密码，这个是非常必要的，要养成习惯。

（3）浏览器不要设置自动保存密码。每次自己手动登录。有些人怕密码难记，很多账号密码都设置成一样的，一个密码被窃，其他账号全部被盗，这样非常不利。

（4）使用付费企业邮箱，例如 263 企业邮箱等，邮箱被盗的概率会小一些。因为付费邮箱本身带有防病毒、杀毒等功能，而且病毒库不断在更新。

（5）邮件沟通的时候，注意来信地址。回复的时候也要多个心眼，查看详细地址不要被显示名称蒙蔽。

（6）电脑要经常更新维护。电脑要维护和升级，文件存多了不但它的速度会变慢，而且中毒了你也不知道。

（7）不要随意在非安全网络环境或电脑登录邮箱。在外面的时候不是安全的无线网络不要随意登录邮箱，虽然有时网络是免费的，但为了省那么点流量冒那么大风险不值得。

（8）不要在办公电脑上看杂七杂八的东西或点开链接。这些非正规链接就是个陷阱，手一抖不小心就可能戳到木马。

这些事情其实也只需要日常注意就可以做到，不算很难，但这么做基本可以排除中毒的可能，让骗子下手的机会少了很多。

四、被骗后如何正确处理

如果货款真的被骗怎么办？钱找不回来了，客户损失了，你也没收到货款，责任也说不清楚。这种情况下，如何能让你们的合作不终止？这里分享几点处理方法。

（1）如果金额不大，且你评估客户潜力不错，建议你方承担损失。毕竟是你方邮箱中毒被盗，责任你们占大部分。

（2）如果金额中等，你评估客户潜力不错，可你方单方面承担损失压力太大，建议双方能接受按比例一同承担损失。这样两方都可以感受到对方的诚意，也有利于长期合作。

（3）如果金额较大，而你评估客户潜力不错，但你方不可能单方面单次承担，建议长期分散承担。比如说客户损失 5 万美元，那你可以分批次从货款中将此金额返还给客户，比如每台产品返还 1 美元，5 万台产品返还完。这样的好处是可以将风险分散掉，另外也可以长期绑定客户进行合作。

（4）如果金额巨大，双方都不愿承受，那就无解了。直接联系银行反黑反洗钱部门，或按国际诈骗报案处理。接下来就慢慢等，这个是所有人都不愿看到的。

事情发生了已无可挽回，只能双方一起坐下来面对和协商，能够谈到一起的，就一起承担，不能谈到一起的，那也只好分道扬镳了。不过这个情况，最终还是客户受伤害多一些，钱货两空。

所以，我们外贸人更有责任做好预防被骗和避免被骗工作，既是保护我们自己，也是保护客户！

第九章

收汇那些事儿

Part 1 Paypal（贝宝）不是支付宝，小心条款

土友分享1：

我们公司是卖显示屏的，同事在阿里巴巴上接到一个南美客户的询盘，然后谈了一个月。最后客户下了 5 万多美元的订单，加上运费和 Paypal 手续费总值 7 万多美元。

公司本来不想接。可是客户说他一直是用 Paypal 打款的，从来没出过问题，后来我们没有顾虑太多就让他打款过来了。但客户收到货后，竟然开始投诉我们货不对版。我们明明寄给他的是三星的液晶屏，他竟然伪造证据换成了残旧的诺基亚、摩托罗拉液晶屏，还拍了外箱和货的视频，箱子里面竟然还有蟑螂。

后来我们跑去 Paypal 申述，我们提供证据一一反驳。这个骗子竟然重新录了视频，里面确实是三星的液晶屏，可都是破损的。他不但把视频提交给了 Paypal，还去警局开证明，证明他收到的是破损的三星液晶屏。

后来我们一直要求看这个视频，结果客户和 Paypal 都不给我们看。前后两个视频根本就对不上，可 Paypal 就直接站在买家的立场，冻结了我们的账户，无论我们怎么申述，Paypal 就是不理。

现在，货也没了钱也没了。我同事是无辜的，公司也是无辜的，我们还在申诉……

7 万多美元按当下的汇率，折合人民币大约 460 000 多元，可以买辆奥迪 Q5，可以租个 3 000 平方米的厂房，可以付 9 个工人一年的工钱，这是纯亏损啊！

你让这个做业务的人怎么办，让她失业？

你让这个工厂的老板怎么办，让他破产？

土友分享2：

我们谈了个罗马尼亚的客户，货收到后他才告诉我们他没有清关能力。客户也不帮我们申请当地销毁，还把货直接退回来了，害得我们付了5倍的高昂运费。更可气的是，客户向Paypal申请冻结了我们的账户。我们交了材料申辩，然后Paypal竟然在没有通知我们，也没做任何调查核对的情况下，就把钱全部退给了客户。这次真的是又丢货又丢钱，损失太大了。

土友分享3：

我们一个美国客户收到我们的货，现在在Paypal申请退款，说我们的产品没有效果，说我们做虚假宣传。我们的货目前出口欧美已经很多次了，从来没有遇见这样的事情。

现在Paypal已经受理了客户的请求，我不得不联系一些其他客户来收集资料应诉。

土友分享4：

我们公司是做婚纱的，有自己独立的销售网站。上周我们收到一封Paypal的邮件，说我们的账户被投诉了，因为侵权，现在被冻结了。

我们吓了一跳，立马打电话给Paypal客服。客服说他们只是收到了法院的指令，要求冻结我们的账户，具体什么原因要我们自己去联系原告或法院。

我们怎么联系法院？它又不是中国的法院，而且对方以哪些证据来起诉我们也不知道啊。

后来我们还是找到了告我们的公司，对方说我们要么赔偿10万美元，要么到美国去应诉，如果我们没有在10天内申诉，法院就会判我们败诉，然后我们Paypal里的余额就会全部作为赔偿金赔偿给他们公司。

我们了解到即使去美国打官司，官司输赢先不说，光七七八八的费用我们就承担不起，最后老总决定还是算了。

现在钱还被冻结着，等时间一到就清零，辛苦了一年都白费了。真的好惨，Paypal 竟然什么也不通知我们，也不核实，就单方面把我们的钱冻结了。

其实这样的事情每天都在发生，只是我们不知道。我们知道的，无非都是大事件。比如说之前的平衡车专利和安全事件，Paypal 冻结和退款的金额以亿美元为单位计算。还有之后发生的将近 3 000 家中国跨境电商独立站（以婚纱礼服为主）Paypal 账户被冻结事件，损失金额都是巨大的。

这些实力强劲的卖家都讨不回损失，更不要说中小微卖家了。你根本就没有精力、财力和智力去应对当地的法律。

为什么 Paypal 会这样？归根结底，Paypal 不是支付宝。虽然 Paypal 和支付宝都是以保护买家利益为先，但是它们还是有本质区别的。

支付宝针对的是国内交易，一旦出现质量纠纷，买卖双方可以迅速无障碍沟通，再者，国内贸易中退货或重发的运费也不贵。即使双方真的不能和解，也可以提交证据让支付宝来判别责任，然后做相对合理的处理。

而 Paypal 面对的是跨境交易，一旦出现质量纠纷，买卖双方语言沟通上就存在问题，即使真的提交证据给 Paypal，Paypal 也没有能力辨别和判断。这个时候，它只能遵循一个原则，以保护买家利益为准，牺牲卖家利益，因为买家是不能得罪的，这个世界依旧是买方市场。

在我国专利和侵权纠纷，本身就很难鉴定和处理。支付宝通常的做法是先下架你的产品，给你扣分或其他降权处理，最严重的结果就是关店。但是涉及资金和赔偿的部分，它不愿意来处理，因为的确很难处理。

在国外，只要销售到当地的商品，一旦核实专利被侵权，即可提交证据，然后申请法院冻结侵权人的银行账户和资产。在这其中，Paypal 只能被动地接受，没有任何回旋余地。

所以说，Paypal 不是支付宝。

那么，你要不要用 Paypal？要用。

首先，如果能用其他更安全的支付途径，就用其他的。比如 T/T、西联汇款、支票、信用证等。特别是走大货，如果客户坚持用 Paypal，那宁愿生意不做也不要冒这么大的风险，有时候赔一次就翻不了身了。

其次，如果非用 Paypal 支付，要做好三类准备。

第一，确保自己销售的产品没有侵权和专利风险，这也是为什么最近速卖通提出企业 + 品牌的入驻门槛了。

第二，确保自己产品的质量没问题，质量有问题的，卖了还不如亏的多。

第三，做好做十单亏一单的准备，如果你的利润撑不起这个比率，那就不要做了，还有平常就要做好证据保存，这个非常重要。

我们不能改变 Paypal，我们能改变的，只有自己！

Part 2 多家银行已限制西联汇款，你要注意了

一、什么是西联汇款

西联汇款是国际汇款公司 Western Union 的简称，是世界上领先的特快汇款公司。它拥有全球最大、最先进的电子汇兑金融网络，代理网点遍布全球近 200 个国家和地区。

（一）西联汇款的优点

与普通国际汇款相比，西联汇款有比较明显的优点。首先，它们不需开立银行账户，1 万美元以下业务不需提供外汇监管部门审批文件；其次，通过西联汇款所汇款项在 10 分钟之内就可以汇到，简便快捷，而普通国际汇款需要 3 至 7 天才能到账，2 000 美元以上还须外汇监管部门审批。

（二）西联汇款的缺点

汇款手续费高，且按笔收取，小额收款手续费也比较高。

汇款有额度限制。中国个人外汇出口限额为每人每次 2 000 美元（具体额度每个银行不同，需要咨询银行）。发汇限额根据对方国兑付限额规定和中国外汇管理政策的规定执行。

（三）西联汇款有哪些合作银行

中国农业银行、中国光大银行、中国邮政储蓄银行、中国建设银行、浙江稠州商业银行、吉林银行、哈尔滨银行、福建海峡银行、烟台银行、龙江银行、温州银行、徽商银行、浦发银行等多家银行是西联汇款中国合作伙伴。

二、西联真的不能收付汇吗

我和宁波几家经常和西联结付汇的银行联系，从负责外汇业务的工作人员口中我并没有得到西联不能收付汇的通知，国家也没有相关的规定。但也有几家银行的回复比较含糊，要具体去办的时候才知道。

也就是说，西联汇款应该不是真的被明确限制了，而是各个银行可以根据各自的实际情况，以及对具体业务的风险预估来进行差别化处理。

当然，也不排除有些城市或网点直接停掉了西联汇款相关的业务。

三、可能限制西联汇款的原因是什么

近期国家对外汇进出的管控力度在不断加大。管控最主要的依据有两点。

一是确保资金来源的合法性，就是进出的外汇来源必须合法。我们汇出去的钱来源必须合法，客户汇进来的钱也必须合法；二是确保交易的真实性，不管你是商业交易还是薪资赡养款，必须是真实发生和存在的。其主要目的就是反洗钱和控制资本外流。

而西联汇款是目前所有外汇来往路径中最难管控的。信用证也好，T/T也好，这些公对公的路径对交易真实性和资金来源都更容易把控，公对私的T/T也容易管控。但是西联是私对私，受众面太广，门槛又几乎没有，所以很难追索交易的真实性和资金来源的合法性。

四、限制是否会持续或者加大

按照目前的国家外汇政策，部分限制西联汇款业务是肯定的。比如对收付汇的国家或地区，收付汇的金额等，各家银行可根据自己的风险把控要求进行微调。但是，完全限制此项业务是不会的，因为个人与个人的外汇收汇款需求还是很庞大的，而且绝大部分是真实、合法的。比如劳务费、赡养款、外企支付的薪资报酬、给子女的生活费等，所以这个通道不能关闭。

五、进出口企业和个人该如何应对

如果遇到客户需要使用西联汇款，或者你需要向国外汇款，那么你在提供信息之前，打电话和相关银行确认下是否可以正常结付汇。避免不能操作，引起不必要的麻烦。

对于有些敏感国家，尽量不建议使用西联汇款。

大额度的金额也不推荐使用西联汇款。因为额度越大，敏感度也越高，容易受限。按照我这么多年的使用习惯，用西联结汇 500 美元以上的应该就算比较大额度了。

Part 3 小心，别随便帮朋友结汇美元

土友提问：

土司，我有一个朋友，他用平安银行的账户帮朋友收美元，结果汇款方要求退款，银行冻结了他的账户。

现在公安局找他，说他涉嫌洗钱，金额达十几万美元，要他退回赃款。但是钱他已经给了朋友了。

现在他知道朋友和国外那边是有预谋的。请问这样的情况怎么办？有办法解决吗？

这位土友的朋友本来是好心帮忙，结果被人利用了，现在公安只找他，确实很倒霉。

首先，他被朋友出卖，他好心地把账户借给朋友过钱，结果朋友却有预谋地坑他。

其次是账户被冻结。账户被冻结就意味着生意可能没法做了，也意味着账户里面自己的美元也被冻结了。如果这时候他碰上要给供应商付货款之类

的事，那真是要被人催了。

再次是惹上了官司。他是正经做生意的人，结果现在被安了个洗钱的罪名，金额还不小，十几万美元。不管洗钱的罪名成不成立，这个信用污点估计不容易去掉了。按照银行一贯的做法，账户肯定是不能给他保留了。

最后，他可能人财两失。朋友跑了，人找不到了，以后即使找到了，估计钱也要不回来。自己不但要丢信用，钱可能还要赔回去。十几万美元，就这样赔出去了。

前段时间，还有个土友给我留言，也是关于帮朋友转账的。因为朋友没有美元账户，所以让他帮忙转几笔美元。结果几笔美元转下来，银行就把他的账户冻结了。因为有一笔美元是从敏感国家的敏感客户转过来的，而且银行直接冻结了这笔款项，并让他等待银行调查通知。这下他连自己的正常生意都没法运转了。

他找了朋友也没用。因为朋友也说不清他的客户到底是被限制还是被制裁。让朋友退钱，朋友不愿意。说钱在他的账户里。最后搞的两个人关系破裂了。

还有一种情况最近也常发生，就是帮朋友收美元，然后打给朋友的私人账户。结果很多人的美元账户被降权和警告，有些还直接被销户。有人问我，土司，为什么会这样啊，以前不都可以的吗？

我只能告诉你，以前是以前，现在是现在，此一时彼一时。

从 2015 年开始国家就限制美元账户向国内私人汇款，一开始是限制直系亲属，限制每个月的次数和金额；到 2017 年基本都不能汇了。

国内个人如果收到国外美元汇款，需要提供一系列的资料证明这是合法收入，而且还要来源合法。比如提供雇佣合同、薪资证明等。

关于帮朋友结汇、购汇，我个人还是不太建议。特别是在政策越来越紧的形势下，风险太大。你自己的客户，做正常的生意，有些信息至少你还是知情的，有些风险也还是可控的。有美元进来，就有货物或者服务出去。

帮朋友结汇或者购汇，你知道有货物出去吗，你知道这些美元是哪里来的吗，要到哪里去吗？有时候连朋友自己也不知道。

做生意，风险真的是很多。随便遇到一个问题，一家公司可能就倒闭了，一群人可能就失业了，一个老板可能就破产了，一个家庭可能就破裂了。所以，外贸人一定要优先保护好自己。

有些事情，自己碰上了那叫没办法。水平不够也好，运气不佳也罢，但总归这口气自己是咽得下去的。至少，不是为别人的错误买单。所以，大家一定要在保护好自己的前提下帮助别人。

第十章

细数那些外贸“钱”规则

Part 1 教你计算自己的工资

我发现朋友圈很多土友都不清楚工资怎么算，很多人抱怨公司计算工资方式不合理，而里面有很多的误解，这些误解显然在影响公司和员工、员工和老板之间的沟通和信任。于公司而言，没把制度提前讲清楚，影响了员工的忠诚度和工作意愿，也埋下不必要的风险；于员工而言，不了解正确的计薪方法，易对公司产生误解，也不知道如何保障自己的权益。

所以今天就讲一讲工资的那些事。

首先，你要弄明白两个点。第一，双休日算不算工资？按劳动法规定，双休日是不计算工资的。但是，这个并不影响你的收入，等下你看了就知道。

第二，法定节假日算不算工资？算的。只要是国家规定的法定节假日都是算工资的，带薪假日就是这个意思。

好了，接下来就可以讲工资计算的事情了。

日工资该如何计算？就是一天的工资怎么算。计算公式是：月工资收入÷月计薪天数。这个好理解，就是月薪水除以月计薪天数。

那月计薪天数怎么算？就是一个月计薪的天数有几天。非常简单，计算公式就是：全年天数减去全年双休日天数，即（365－52×2）÷12＝21.75天。明白了吧，国家规定的每个月计算薪水的天数标准是21.75天。

按照这个公式，你的日工资就可以算出来了。假如你的工资是3 500元/月，那日工资就是3 500÷21.75≈160.92元。这里小数点很多，一般公司都会四舍五入取整数，也有些公司会保留到分。

月计薪天数和日工资计算方法都清楚了，那么很多问题也都可以算清楚了。

请假要不要扣工资？怎么扣？按照国家规定和上面的计薪方法，请假是要扣工资的。怎么扣呢，就按你的日薪来扣，你的日薪是160.92元的，就扣160.92元。

双休日上班怎么算工资？按照规定，双休日是不计薪的，所以上班的话就算是加班，加班的话就是双倍工资，计算公式是：月工资收入÷21.75×200%。

法定节假日放假了要不要算工资？怎么算？要算的，国家法律有规定。按照2016年的假期来看，元旦1天，春节3天（除夕、初一、初二），清明节1天，五一劳动节1天，端午节1天，中秋节1天，国庆节3天。按照规定，法定节假日是带薪休假，所以上班的话就算是加班。加班有三倍工资，计算公式是：月工资收入÷21.75×300%。

打个比方，比如说你国庆节7天都在加班，那加班费怎么算呢？国庆长假7天总加班费=月工资收入÷21.75×300%×3+月工资收入÷21.75×200%×4。7天长假里3天是国家法定假日，工资按3倍算；另外4天是调休，工资按2倍算。

公司自行放假算不算工资？算的。只要是工作日，公司因为各种原因放假，是要支付工资的。

产假、婚假发不发工资？产假、婚假期间工资是要正常支付的。

公司组织旅游算不算工资？要的，按正常的工资计算。

实际的工资计算情况要远远复杂得多，不是每个公司都会按国家规定的来。

对于公司而言，还是尽量正规一点好，这样实际承担的风险才是最低的。提早和员工沟通清楚工资是好事，一方面员工了解后执行起来顺利，可减少猜疑，提高对公司的信任度；另一方面，也可以规避后期很多潜在的风险。

对于个人而言，还是有必要了解清楚这些法规的，既能明白自己的责任和义务，也能清楚如何保障自己的权益。万一要维权，也要按着法规来，不要采用过激或不正当的方式维权。

Part 2 做业务一定要知道的20种提成方式

年底是发提成和奖金的时候。说实话，做业务员、销售员的不关心自己年终能拿多少钱的肯定不是好业务员、好销售员。

虽然这个话题稍微有点敏感，但是也没什么关系。在互联网如此发达的今天，其实很多信息已经不是秘密了。网上一查，群里一问，你以为藏着掖着的，人家都心知肚明。

今天我就先说说常见的提成方式。

一、销售额提成法

什么叫销售额提成？就是公司根据业务员的总销售额来确定提成比例。比如你销售额是1 000万元，提成1%，那提成就是1 000万×1%=10万元。

常见的销售额提成方式有以下几种。

（一）销售额的0.8%

按总销售额的0.8%比率计算提成，如上例，1 000万×0.8%=8万元。

（二）销售额的1%

按总销售额的1%的比率计算提成，如上例，1 000万×1%=10万元。

（三）销售额的1.5%~2%

按总销售额的1.5%或2%的比率计算提成，如上例，1 000万×1.5%=15万元，1 000万×2%=20万元。

（四）其他的销售额比率

很多公司还会设定其他的销售比率，有0.2%的，有0.4%的，有0.5%的，也有3%的，5%的，等等。

（五）保底的销售额比率

什么叫保底？就是公司给你规定一个保底销售额，你要超过这个保底销售额，才可以按比率提成。比如保底销售额400万元，提成1%，那你的提成就是（1 000万-400万）×1%=6万元。

很多公司都会设定保底销售额，因为有些公司有现成的老客户转交给业务员，有些公司原来有资源或有投入资源等。

采用销售额提成法的以生产型工厂居多，因为它对双方来说都方便计算，而且很多工厂基本也都有保底销售额要求。

二、毛利润提成法

什么叫毛利润提成？就是主营业务收入－主营业务成本＝毛利润。

这里拿贸易公司做个比方，一支笔你买来10元，卖出去20元，利润50%，运费1元，20－10－1＝9元，这9元就是毛利润，也就是账面利润。这里没有计算其他的成本，比如工资等，这个后面再说。

常见的毛利润提成方式有以下几种。

（一）毛利润的5%

按账面利润的5%计算提成，如账面利润100万元，100万×5%＝5万元。

（二）毛利润的8%

按账面利润的8%计算提成，如账面利润100万元，100万×8%＝8万元。

（三）毛利润的10%

按账面利润的10%计算提成，如账面利润100万元，100万×10%＝10万元。

（四）毛利润的15%

按账面利润的15%计算提成，如账面利润100万元，100万×15%＝15万元。

（五）毛利润的20%

按账面利润的20%计算提成，如账面利润100万元，100万×20%＝20万元。

（六）其他的毛利润比率

很多公司还会设定其他的毛利润比率，有比5%低的，也有比20%高的

(比较少)，每个公司情况不同，比率不同。

(七) 保底的毛利润比率

有些公司会设定保底毛利润，可能公司有老的订单转交之类，情况不同制度不同。你的业绩要超过这个毛利润，才能拿提成。比如保底30万元毛利润，提成10%，那么你的提成就是（100万－30万）×10%＝7万元。

采用毛利润计算提成的以贸易公司居多，因为成本单一大家能算得比较清楚。如果是工厂的话，就比较麻烦，因为成本组成比较复杂，即使核算出来，很多人也不相信。

三、净利润提成法

净利润就是主营收入减去所有的成本剩下的利润。

这里的所有成本不光是指采购原料的成本，还包括所有人的工资福利、房租、水电、办公用品、机器折旧、财务费用、销售费用、管理费用、注册成本、所有税费，以及股东投资收益和风险收益成本等。

总之，开公司要花钱的地方实在太多了。

还是拿那支笔打比方，你买来10元，卖出去20元，运费1元，毛利润是20－10－1＝9元，再减去上面所有的综合成本，假设5元，那净利润就是20－10－1－5＝4元。

常见的净利润提成方式有以下几种。

(一) 净利润的10%

按净利润的10%计算提成，如账面毛利润100万元，净利润50万元，50万×10%＝5万元。

(二) 净利润的15%

按净利润的15%计算提成，如账面毛利润100万元，净利润50万元，50万×15%＝7.5万元。

(三) 净利润的20%

按净利润的20%计算提成，如账面毛利润100万元，净利润50万元，50

万×20% =10 万元。

（四）净利润的25%

按净利润的25%计算提成，如账面毛利润100万元，净利润50万元，50万×25% =12.5万元。

（五）净利润的30%

按净利润的30%计算提成，如账面毛利润100万元，净利润50万元，50万×30% =15万元。

（六）其他的净利润比率

有些公司还会设定其他的净利润比率，或高或低，不过高于30%的很少看到，我想那应该不是提成，应该算合伙人分红才对。

（七）保底的净利润比例

保底的净利润要求倒是没见到过，比较少用。

采用净利润计算提成的也是以贸易公司居多，而且是比较大的贸易公司才会使用。

这些公司大多采取小组制的方式管理业务，说白点，就是全靠你自己。公司只提供职位、发点工资、给个银行账号、担负公司法律和资金风险。产品、销售、采购，所有一切你自己搞定，赚了钱扣除所有成本大家按比例分。

因为净利润涉及的成本和账目太多，工厂基本不会用，小型贸易公司也不会用。因为即使真的把成本都列出来，彼此的信任度也很不好说。

净利润提成模式，无论是对公司还是员工，我个人都不怎么推荐，它实在太复杂了。

四、奖金提成法

打个比方，销售额做到300万元，奖金1万元；销售额500万元，奖金2

万元，销售额1 000万元，奖金5万元，等等。其实这些也是换汤不换药，道理是一样的。

奖金提成法工厂和贸易公司都有使用，但不是很普遍。

五、关于提成，还有几个规律你要懂

（一）提成越高，底薪越低

经常很多人和我说，我底薪只有1 200元、1 600元、1 800元、2 000元、2 500元等，做业务员底薪普遍较低，这也是行规。

如果你和同行拿一样的提成比例，底薪在3 000元以上，那老板算不错的。

销售员是个具有挑战性的职业，如果你想靠底薪生活，那就完了。

（二）产品销售越难，提成越高，产品销售越容易，提成越低

有些公司产品很有竞争力，很好卖，提成当然就低，这也很正常。比如苹果手机，人家不愁卖，买家自己都排队上门要货，不要销售员都行。销售员贡献率自然就低，提成也就低了。

有些产品竞争非常激烈，或者很小众，很难卖，提成自然就高了。

（三）公司投入资源越多，提成越低，反之亦然

一个公司采购、生产、技术、财务、行政、销售等部门人员配套越齐，销售提成越低。为什么？你只干销售的活，技术、采购、生产、财务、投资、管理都不用你操心，你可以背靠团队专心攻城。

所以，城攻进去了，战利品得大家一起分。你别说枪是你放的，所以这都是你的，那叫坏了规矩。

关于提成就分享到这里，主要让大家有一个基本的认知和了解。

一方面让你有大概的辨别力，不会被骗。另一方面也让你能正确理解和认识公司的提成制度，以免造成额外的误解。

对于公司来说，因为各家情况不同、文化不同、条件不同，选择适合自己公司的提成方式，公司的发展才会更顺利。

对于个人来说，因为能力不同、阶段不同、期望不同，接受自己认可的提成方式，个人的发展才能得到保障。

总之，没有最好的提成方式，适合的就是最好的。

Part 3 要回提成和工资的正确方法和经验分享

一、预判老板人品如何

首先，看老板对待客户、供应商和其他服务商的态度。

有些公司特别不诚信。对待客户，不管自己对错，一律不承担责任，不管是质量问题，还是其他问题，哪怕白纸黑字写明了责任分割，转眼就不认，基本无诚信可言。对待供应商和服务商也是一样，货款或费用无期限拖延，今天找这个理由，明天找那个理由，反正能拖一天是一天，最后非要人家停止供货、停止服务了才勉强付一点。

在对待客户和供应商的态度上，就能看出公司的诚信度，公司的诚信度就是老板的诚信度，这是互通的。对待客户和供应商能如此，对待员工估计也不会好到哪儿去。

其次，看老板对其他同事、前同事的态度。

老板对其他同事的态度就是对你的态度。你进入一家公司，慢慢就会熟悉它，会了解到很多人、很多事。其他同事对老板是怎么评价的，日常工作中老板是怎么对待他们的，之前的同事离职都发生过什么样的故事，大家的评价又是如何，很多都可以侧面反映出一个老板的人品。

我遇到很多人和我说："老板把谁开除了，工资扣了提成没发，然后让我接手她的客户和工作，让我好好干。"还有些人说："我要是走了，有很多好不容易跟下来的客户怎么办，很不甘心啊，人家走了拿不到工资，拿不到提成是人家的事，我的应该没问题吧。"

我不想打击这类人，但你同事什么样的下场，将来你要面对的也会是一样的下场，切勿幸灾乐祸，更勿心存侥幸。如果你把一轮一轮的前同事找来，你会发现，每个人离开都是一样的，被拖欠工资、克扣提成、贬低能力、中伤人格。这叫惯例，凭什么你会不一样呢？

在职场上，幸福是一样的，而不幸也没什么不同。所以当你发现上面这些征兆的时候，你就要留心判断将来自己可能面对的境遇，并做好一些自我保护。必要时，当机立断。

二、发现老板人品不好，要做好自我保护

自我保护说到底还是要保留曾经在这个公司工作过的证据，或者其他的一些口头或书面的承诺和协议，包括劳动合同、工资条、银行工资单、上下班打卡记录、聊天记录、公司规则制度、社保缴费记录、没发提成的各种 PI 合同、实在不得已的情况下的录音等。这些东西都能证明你在这儿工作过，双方的雇佣劳动关系是成立的。

有些账，大家还是要学会算一算，工作越久，你面对的风险、遭受的损失、受到的伤害就越大。不要觉得舍不得手头上的几个客户，不要觉得别人的事不会落到自己头上，不要等到工资被欠了好几个月，不要提成算起来已经几万元、十几万元了再来面对，金额越大、拖得越久，解决起来越麻烦。

三、如何正确地讨薪

如果老板不发工资，克扣提成的事情真的发生了，那接下来就不得不去面对了。

（一）沟通第一

做什么事情都要讲究先礼后兵，不要什么都不说，什么都不沟通就直接上去一顿乱打，这很容易打错人。公司有公司的规则制度，双方约定的协议，在制度内的，你做得不好的，该怎么处理怎么处理，你也不能无理取闹。如果公司是刻意克扣，那就先摊开来沟通。总之，大家要把彼此的想法和做法沟通清楚，老板不沟通那是老板的事情，你是怎么想的，打算要怎么做，总是要和对方说清楚。

很多时候恰当的沟通就能把问题解决掉，大家难得共事一场，也算缘分，真没必要弄成敌人。争吵一旦升级，双方都很难冷静下来，特别是老板，觉得没面子，更容易态度强硬。

沟通不了的再寻求其他解决办法。

（二）走正当途径

沟通不了，那就走正当途径。这些年劳动局还是很不错的，可能的话再加上警察局，你带上事先整理好的证据直接去维权就好了。

维权程序根据地方不同，也会有所区别，费时费力那是肯定的。必要的话你也可以在网上找免费律师服务，现在也有很多。类似土司我的这种公众号，留个言加个微信问问。

与劳动局沟通的时候别忘了和原公司老板互动，你走到哪一步了就告诉他，他自己会评估形势的，真的闹开了对他也不是什么好事，再怎么说面子比那点钱重要。而且你要记住，老板的时间绝对比你的时间值钱。很多时候，大家不会上升到法院审判的地步，你有证据在手，法院审判的结果他心里也有数。

（三）不要走歪门邪道

很多人说既然老板这样做，我就把公司客户撬走，或者飞单，还有些人会把电脑里的资料删除，或者去发帖、发朋友圈声讨，你不要这样做。别人不对，那是别人的事，你用不正当的方法来维权，你就变不正当了。不要让自己陷入这样的情绪和境遇里，我已经见过不少因为这样做而被公司直接告上法庭最后锒铛入狱的外贸人了，你会后悔一辈子。

也有人说他可以天天去公司闹、去吵，让老板没办法做生意，让所有人都看清老板真面目。你也不要这样做，万一你被打了、被伤害了，那真的不值，哪怕老板真的触犯法律，以后被制裁了，但身体是你的，代价太大。更不要带人去闹，你打了人家，哪里讨得到好。

有正当的途径就不要走歪门邪道。

（四）不要害怕

很多人说去讨薪会害怕。说真的，要钱的没几个人不害怕的，大家都觉得自己是弱势群体，老板在当地肯定比你有权有势。话是没错，但其实未必。这个事情老板本身不占理，闹出去他丢的脸也比你大，他也会害怕。你走正当途径，害怕的时候就报警，懂得保护自己，就没那么恐惧了。

（五）不要嫌烦

属于自己的正当劳动收入花点时间去争取很值得，你都能一年 365 天“烦”客户，怎么就不愿意花一个月“烦”劳动局，何况你肯定经济不富裕，几个月的工资，说放弃就放弃太可惜。换个角度想想，这次你争取成功了，下次在这个公司的其他人可能就不会再遭遇这样的事了，你的贡献很大。为自己维权不要嫌烦。

四、不要对未来丧失信心

不要因为自己遇到过这样的事情，就对未来没有信心，对老板没有信心。你要相信，绝大多数的老板都是好的，不然那么多公司如何存在。那些不诚信、人品差的老板的公司终会一家接一家地倒闭，人不聚，财必亡。所以，没什么好担心的。

遇到好的公司、好的老板，就好好地追随，好好地珍惜。你珍惜他，他也会珍惜你的。万不可因为一时之气和利益，伤了对方的心，断了这份缘分，再回头，遇到贵人的机会真的很少。

最后，分享个土友的案例，希望没人再遇见这样的事，遇见了，也希望都能圆满地解决，不管是老板，还是员工。

土友分享1：

我们老板不是一个可靠的人，所以我打算走人，工作期间我没有和公司签订劳动合同，但我把当时跟客户成交的盖公司章的合同保存了，工资条保留了，聊天记录保留了，公司的规章制度保留了，后面还保留了跟老板谈薪的录音。

刚开始我不发这些证据，只跟老板谈，老板无动于衷。然后，我给他老婆（管财务的），发了信息说：“好说不管用，那就劳动局见。”不到半小时他老婆给我打了一半工资，我发了短信给老板，说下午等劳动局的通知。然后下午我去了劳动局，把相关的资料提交了，劳动局给了个通知让我给那个老板。我把通知送过去的时候，前台说我来了，他装作不认识我，我直接进他办公室把劳动局的通知甩他桌上，说了句："咱明天劳动局见！"然后，晚上八点，短信提醒，工资到账。

讨薪过程中希望大家注意，千万不要在大家不上班的时候去要钱，要注意保障自己的安全。其次，千万不要忍，自己要保持理智、收集证据、寻求合适的途径保障自己的权益！

土友分享2：

我自己有过讨薪经验，但是老板还算好，都顺利给了。说说我老公走法律程序讨工资的经历。那时候他也是刚毕业一两年，那老板还是他老乡，一开始双方关系都特别好，但是，我老公干了一年以后发现公司财务开始出现状况，拖欠工资，他出于信任并没有强要。可一直到后来公司倒闭，老板也没主动发工资。他们所有同事就开始声讨，写联名信上告至劳动局，他们保留了所有证据，包括劳动合同、工资条、上下班打卡记录等。

后来事情闹大了，告到了法院，还开庭了。这期间我老公跑了很多次劳动局、法院，程序有点复杂，但是历经一年多，几个月的工资都讨回来了。所以我劝大家不要怕麻烦，不要说他们有钱有势我们惹不起。我们应该通过法律程序保护自己。

第十一章

外贸人工作须知

Part 1 我收到了一堆简历，忍不住哭了会儿

之前，我们公司发了个招聘帖子。然后几天时间里，公司 HR（Human Resource，人力资源）同事的邮箱里收到了很多的简历。我问 HR 同事有多少封，她说估计上百封，此外，留言板里还有几千条回复，我激动得好几天睡不着觉。

有这么多人愿意来我公司，有这么多人希望和我一起奋斗，有这么多人不怕苦，这就是对我最大的肯定。

接下来，我们的 HR 二人组陆续花了一周多的时间来整理和评估这些简历。他们以最认真的态度来对待每一封简历，全都看得很仔细。然后，她们和我说，简历都很匹配，但是，90% 都不合格。

听完这句话，我惊呆了。我说："你是和我开玩笑吗？"

她说："投过来的简历岗位都很匹配。但是，简历本身很多都不合格。"

我问："是人不合适，还是简历不行？"

她说："因为简历不行，所以人判断不出来。"

我不信一百多封对口的简历挑不出几个人来！于是，我把一百多封简历全部看了一遍。然后，我傻了眼。不是人不行，是简历真不行！

一、基本信息缺失

很多的简历基本信息不完整。什么叫基本信息？就是姓名、籍贯、出生年月日、毕业学校、联系方式、家庭情况、爱好，等等最基本的个人情况。

有好几个人的出生年月没有写，所以年龄只能靠猜。

年龄重不重要？当然重要。每个公司发布招聘岗位信息的时候都有一个年龄的大致要求，你连年龄都没有写，公司怎么参考。

还有些籍贯没有写。这样就真的不知道你是哪儿的人才了。

籍贯重不重要？当然也重要。这也是企业评估一个人稳定性的关键因素。比如我在宁波，你在广西，那我会建议你到广东找工作，因为广东更近，逢年过节回家也方便，家里有什么事，回去也快。

这些因素开始你不觉得重要，等你慢慢年龄大了就会觉得很有必要了。

二、教育经历找不到

还有些人的简历找不到教育经历。什么意思？就是招聘企业不知道应聘者是什么学历、什么专业、哪个学校毕业的。

我看了好几封简历，应聘人的工作经历不错，然后我去找他的教育经历，却怎么也找不到。

还有些简历，教育经历不完整，有学校，但是找不到专业，有专业，但是不知道主修什么，有主修，但是找不到在学校里有什么收获。比如说，你考过什么证书，组织过什么活动，参加过什么比赛，在大学里自己最大的收获是什么。

这些信息重不重要？当然重要。从一个人的教育经历大体上可以看出他的学习能力。

三、工作经验缺失

这样的情况最普遍，也最多。什么叫工作经验缺失就是最重要的工作经历一栏，我可以看到的信息不完整。

有不少的简历工作经历这一栏不超过两行字。这是什么概念？就是第一行，写了个工作过的公司名称，第二行，写了个在这里工作过，然后，就没有了。

我根本看不出他在这家公司工作了多久，主要负责哪块儿工作，包括哪些工作内容，学到了哪些工作技能，积累了哪些工作经验，做出过什么样的成绩，为什么会离开。

还有一些人的简历中工作经历是断档的。2012 年 2 月至 2013 年 5 月，在 A 公司工作，2014 年 6 月至 2015 年 4 月，在 B 公司工作，2016 年 7 月到现在，在 C 公司工作。

猛一看，好像都挺顺的。然后我仔细一看，2013 年 5 月到 2014 年 6 月去哪儿了，2015 年 4 月到 2016 年 7 月又去哪儿了。

工作经历的表述重不重要？太重要了。它几乎占了录取权重的 80% 以上。

四、有些简历格式很让人崩溃

最让人难以忍受的是，很多简历没有格式，整份简历从头到尾字全部连在一起，不分行，也不分段落，看上去一片黑，极大地考验你的阅读能力和忍耐力。

还有就是比没有格式好一点的，格式很乱的简历。有段落，但很不协调，有几段前面有空格，有几段又没有了，前后不统一，字体也不一样；还有就是内容布局不协调，一段内容多一点，另外一段又没几个字；还有就是没排版，等等。

再有就是很虚无，没内容。简历两三页，格式也很花哨，但是每一页显示的内容很少，大段的留白，或者左右空白，有点像我写的 PPT，一页只有两三句话，虽然讲的时候可以讲一个小时，但是不讲的话别人就只能靠意会了。

看完简历，我有一种强烈的想教人写简历的冲动！

简历重不重要，太重要了，重要到可以决定你的命运！我不认识你，那我怎么了解你，通过你的简历，说白了，简历代表的就是你。

你的简历基本信息不全，我就没办法了解你；你的简历格式混乱，我自然认为你的思维也是混乱的；你的简历内容不完整，没有特点，我自然认为你做事考虑不够全面，没有特别的优势；你的简历浮夸，我自然认为你也浮夸。

我们都说，文如其人，字如其人，归根到简历上也一样，简历如其人！那这样的简历能不能代表一个人？不能！

我是无论如何都不会相信，给我们公司投简历的人的水平就是这样。我更相信是大家没有重视，没有认真对待自己的简历，没有充分了解到简历的重要性。

如果说学历是敲门砖的话，那简历就是开门的钥匙。你对待简历的态度，就是别人看待你的态度。你的简历严谨，别人就认为你也严谨；你的简历诚恳，别人就认为你也诚恳；你的简历认真，别人就认为你也认真；你的简历系统，别人就认为你也逻辑缜密。

所以，我以一个老板选人、用人的角度，也以一个人力资源师挑人的角度，恳请大家一定要重视自己的简历。

Part 2 面试绝技，三个问题了解清楚公司可不可靠

该怎样判断一家公司好不好，老板好不好，值不值得留呢？这的确是一个让人苦恼的问题。

绝大多数人只有进公司工作后才能慢慢发现公司好不好，或者老板好不好，同事好不好，这个时候就很被动。

可能你的工资或奖金被扣着，可能你已经有了客户，可能你还搬到公司附近住了。此时，你心里会有对换工作的恐惧，对换环境的抗拒和担心，或者还怀着对公司或老板，突然哪一天改好的期望和幻想。

换工作真的很浪费时间，损失很大。那你是不是可以在没进公司之前，在面试的时候，就做出大概的判断呢？好多人说，怎么可能啊。当然，这是可以的。

透过现象看本质。只要问三个简单的问题，你就可以判断出这家公司值不值得待，这个老板值不值得跟，这份工作值不值得做。

一、细问待遇

待遇大家都会问，但是怎么问，怎么看有技巧。从人性的角度讲，人都是自私的，而自私的一大表现就是掌握主动权。所以，很多人面试的时候，都会碰到很多老板或人力资源师不愿意多谈待遇的情况。

比如你问试用时工资多少，转正后工资多少，具体的转正要求、时间，以后的加薪规划，具体的福利是怎样的，奖金和提成是怎么算的，怎么来鉴定，以后会不会临时改，怎么发放，和利润率有没有关系，要不要交税，能不能写成书面确认，等等。通常大家遇到的回答都是这样的。“这个你放心，以后不会少的。”“先做着再说，到时候再加。”“我开这么大一公司，你还不相信我啊。”“我们的详细规定还没出来，到时候通知。”“等业绩做出来了，咱们再谈。”

还有一些情况就是，你多问两句人家就不高兴了，有的人直接生气了，

觉得你不尊重他，不懂规矩，或者情商不高。这使你给面试官的印象大打折扣不说，有些会直接错失机会。

那待遇该不该细谈？该细谈，要细谈，事情和规则说得越清楚，对大家越好，后续的风险越小。

很多人去求职都很怕多说待遇，怕一说，人家就不给机会了。恰恰是这种思维，给了对方空间和机会。

对公司和老板来说，当然是你问得越含糊越好，后面的可操作性越大。到时候，他可以根据你的业绩和表现来定规则。还可以按心情决定，今天心情不好，就少发点；明天和老婆吵架了，再少点；他想多赚一点，就再扣你一点。到最后你不满意也没办法，反正这事大家都没说清过，怎么定都合理。

当然，这种爱占便宜和钻空子的思维，对老板或公司的发展都是致命的。作为老板或者管理层，你见过哪一家发展得好的公司是这么干的，这么干就等于自绝生路。员工都干不长，留不住，公司怎么可能发展，这是简单的不能再简单的道理。所以你去面试、谈待遇的时候，就要谈清楚一点。

如果遇到含含糊糊不愿谈的老板或公司，你就要留几分心了。如果遇到可以沟通得清清楚楚的老板或公司，那就多给加点分，这老板的为人起码值得信任。如果他还能给你白纸黑字签字，那你就去庆祝下吧，能这样做的老板可真不多。

至于待遇这东西，不分高低，双方能接受就可以。

二、问老员工

说完第一个绝技，接着说第二个绝技，问老员工。有人说，怎么问老员工？问了他们也不会说啊。当然，一开始哪个老员工敢乱说话。她得等你成为同事后，熟悉了、信任了，才会告诉你公司的底细和老板的真相。可是那时候太晚了。

没关系，我有办法。我说的问老员工，不是问老员工本人，而是直接问老板或人力资源的人。问什么呢？先问下公司成立多久了，然后问公司或部门有多少老员工，大概在公司几年了。问这些就够了，接着我给你分析。

一个公司/部门成立 3 年，老员工没一个超过 1 年的，你觉得会是什么原因？一个公司/部门成立 5 年，老员工没一个超过 2 年的，你觉得会是什么原因？一个公司/部门成立8年，老员工没一个超过5年的，你觉得会是什么原因？是招来的人都因为自己的问题离职了，还是招来的人都没能力把活干好？当然不是，这明摆着是人留不住。

留不住人，那肯定是有原因。一年半年留不住人，还好说，可能没找到合适的人；两年三年留不住人，那就有问题了。一个两个没留住，也还好说；一个接一个留不住，那就有问题了。

有人说那到底是什么原因呢。这个你不需要知道得太清楚，你只要记得，你和大家没什么区别。别人都留不住，受不了，那你也一样。

所以，当你面试的时候，通过老员工这个简单的点就可以大致判断出老板可不可靠，公司可不可靠。

三、看办公环境

看完前面两个绝技，很惊讶吧，都是平常简单得不能简单的点，每个人也都会看，但是求职的时候没人愿意去细想和分析，也没有人愿意分享。

现在我们来讲第三个绝技：看办公环境。这个也很简单，一眼就可以看完了。

分析之前先讲个故事。有一次我去一个朋友的工厂拜访，朋友说最近有一家上市公司打算收购他们公司和团队，出价好几个亿。我说："好啊，要发达了啊。"你猜，他怎么说，他说他刚拒绝了。我困惑了，多少像我这样的老板的终极梦想不就是把公司卖掉套现吗？

我问他为什么。他说："我不能把自己辛苦发展起来的公司，一起奋斗的同事交给这样的老板和公司管理和运营。前几天，他们邀请我们去他们公司参观。厂区很大，很气派，公司也很有钱。可是我到他们公司走了一圈发现，那么热的天，车间里竟然一台空调都没有，甚至连大的加湿排气扇也没有，工人都汗如雨下。很多设备也非常老旧，却还在用。办公区里有空调也不开，就几个风扇，每个人都在擦汗。偌大一个办公区没人说话，压抑得不行。"

他说完，我就理解了。对人小气的老板和公司不能共事，因为他会很自私。跟着自私的人一起奋斗，哪有"钱"途和前途。

所以，当你面试的时候，很简单，看一眼这个公司的办公环境。条件简陋和简单是有区别的；气氛压抑和放松你是分得清的；员工笑着和哭着你是看得到的。问问待遇，问问老员工，看看办公环境，三个简单的点，面试时就可以判断出一家公司和老板可不可靠，这份工作值不值得做。简单吗？

Part 3 面试时被问是否接受加班，一句话让老板满意

很多人在面试的时候都会遇到一个问题："对于加班，你怎么看？"作为找过许多次工作，又面试过许多人的我来说，我有一个秘方。只要说一句话，保管让所有老板满意。

不过在这之前，我分享一个三次面试三次回答这个问题，但是都没有回答好的土友的经验。第一次他去面试的时候，公司的老板问他："你对加班怎么看？"他回答："最好不加班。"老板问他为什么。他说因为住得比较远，而且有早睡的习惯。然后老板就摇了摇头。

那工作要不要加班？我的理解是这样的，天下没有不加班的工作。首先，做老板的都是加班的，人光聪明没有用，光年轻也没有用，光有阅历和经验也没有用，你得勤奋。你只有比别人付出更多，你才可能收获更多，才能在竞争中占据优势。你连加班的可能性都无法接受了，那你还有什么可开发的潜力和价值。

第二次他去面试的时候，老板问他："你对加班怎么看？"他回答："加班给加班费吗？"然后老板就不说话了。

加班该不该给加班费？我的理解是这样的，假如你在富士康生产线上工作，加班费肯定是要给的。假如你在阿里巴巴、华为这样的公司工作，那肯定是没有的。因为岗位不一样，大家要解决的问题不一样，目标和产出也不一样。

作为一个业务员，你的工作目标是完成或者超越业绩目标。至于加不加班，那不是公司的事情，而是你自己的事情。

第三次他去面试的时候，他学乖了点。老板问他："你对加班怎么看？"

他回答："可以接受适度的加班。"然后老板就"哦"了一下。

那么，加班有没有度的概念？按我的理解，加班是没有度的。加班分两

种情况。一种是公司的事情没有做完，必须加班。公司的事情也就意味着是团队的事情。团队的事情也就意味着是每个人的事情，需要大家齐心协力去解决和完成。这类加班其实大家都是一样的，没有你我之分。另一种是自己加班，自己的事情没有做完。可能目标没有达到，可能计划没有完成。这类加班是没有度的，全看自己把握。一小时也好，两小时也好，加班到半夜也好，事情没做完就继续做。

那到底说哪一句话可以让所有的老板满意。答案是："无条件服从组织安排。"

第十二章

怎么做一名合格的老板

不想做将军的士兵不是好士兵，不想做老板的业务员也不是好业务员。假如有一天你成了一名外贸公司的老板，怎么做才算是一名合格的老板呢？

Part 1 外贸老板的基本要求

一、学会分享

做老板要学会分享，这是第一位的。现在很多“80后”“90后”带孩子都会和孩子说：“你要学会分享。”为什么？因为孩子的世界很直接。你不分享，我就不和你玩；大家都不和你玩，那你就一个人玩。如果所有的小朋友都不和你的孩子玩，大人会不会紧张？当然会啊，因为这会对孩子的成长和心灵非常不利。

不分享是什么？就是自私。所有人都不能过于自私，老板尤其是。那老板应该分享什么呢？可分享的东西有很多，我认为最重要的是两样：金钱和经验。很多老板不愿意分享金钱，这个是最普遍的。而更恶劣的是说好的承诺，定好的规则不兑现，比如拖欠工资、奖励取消、克扣奖金、不发提成、赖账赶人。

老板为什么要这么做？就是为了可以多赚点钱。可结果呢？一时的发展还可以，长期的发展很难。

更多的老板不愿意分享经验，因为，比金钱更宝贵的是经验。如果说金钱是蛋的话，那经验就是那只生蛋的鸡。就比如我写的文章，分享的技巧、思路、思维和资讯等，很多人都不愿意分享。为什么？怕你抢了他的饭碗，伤害到他的利益。所以他宁愿让你花费更多的时间和精力自己琢磨，哪怕出错，也不教你。落井下石、幸灾乐祸的人更是不在少数。

可这样做的结果呢？下面员工成长缓慢、出错频频，达不到老板的期望值，老板又得重新招人。而那些乐于分享经验的老板，则大踏步地甩他而去，留他原地等死。人才损失才是企业的最大损失。

分享金钱，你会收获忠心。

分享经验，你会收获信任。

二、选择相信

很多员工说老板不相信我，很多老板说我不敢相信员工。为什么？因为被伤害过。

一个人，一生可以换多少份工作？有些人可能就1份，有些人可能5份以内，有些人可能10份之内。那有没有人换20份、30份，甚至更多的？我想很少。大部分人都在5到10份之间。一份工作做半年，做30份工作就15年过去了。而一个人一生中的黄金工作时间也就30年左右。

如果说换一份工作，就受一次伤害或打击，那一个普通人一生中大体会受5到10次伤害。而一个老板会受多少次伤害？小微公司，一年1次，或者2次；小公司，一年3次，或者5次；中等公司，一年8次，或者10次；大公司就不说了，受的伤害会更多。

按照30年的黄金工作时间，一个老板所受的伤害和打击在60次和300次之间。可见，做老板是多么需要一个强大的心脏。

所以，老板圈里我们经常听到这样的忠告："你现在把他培养好了，他就飞了。""你这么信任她，迟早要吃苦头。""我是过来人，你想的太理想了。""不要对员工太好，他们不会感恩的。"

…………

人受到伤害，都会留下阴影，也都会启动心理防卫机制，所有人都一样，不分时间，也不分地点。所谓吃一堑长一智也好，前车之鉴也好，就是这个意思。

它有好的一面，也有不好的一面。好的一面是可以提醒你要记住教训，不要重蹈覆辙；坏的一面就是使得你更难相信别人。

受过伤害的人不容易相信别人，这是人之常情。但是，我还是要说，你是老板，你依然要选择信任。因为信任只有通过信任才能换来，怀疑换回来的只有怀疑。

不管你受过多少次伤害，也不管你换回来的是什么，这个出发点不能变。请保有这颗初心。

三、坚持学习

做老板要学习的东西实在太多了。做员工时，你只要做好自己的工作，管好自己就好了，当了老板后，你会发现什么你都要管，不会的你都要去学。否则，你就会被忽悠，或者被骗，或者无法带领团队成长、成功；或者无法掌控形势，规避风险。

销售你不懂，肯定不行；采购你不懂，也不行；财务你不懂，更不行了；管理的学问更是深似海，你要不断地学习；税务、国家政策，你也要学点；人力资源，你也得懂点。

你情商不高，不行，中国是人情社会，你得会沟通，会平衡；你智商不高，更不行，外面弱肉强食，公司内部也一样，弱的人哪有话语权和权威。

方方面面，从不会到会点，从不懂到懂点，从会点到熟练，从懂点到精通，靠什么？靠学习。你只有不断地学习，不断地更新知识，提高你的能力，你才能引领和推动公司向前走，带领团队走向成功。

“书山有路勤为径，学海无涯苦作舟。”

四、身体力行

说完学习，接下来要说身体力行。公司里最大的榜样是谁？就是老板。

有个土友给我留言说：“我们老板每天上班的时候在办公室里打游戏，还抽烟，搞得乌烟瘴气。打累了就来指挥我们工作，说我们该干这个，该这么干。我们特别特别的反感，觉得在这里特别没劲。心里总想，他有什么资格来指挥我们。”

还有个土友说：“我们老板每天都来得最早，晚上走得最晚。搞得我们比他晚来，比他早走都挺不好意思的。看看他这么有钱还这么努力，我们也觉得应该更加努力才对。”

两个老板，你觉得你愿意跟谁？两个老板，你觉得哪个更容易成功？两个老板，你觉得哪个能给员工更多的正面影响？你不要觉得自己是老板，就跷个二郎腿指挥人家干活就完事了。世上没有这么好的事。

老板才是这个公司最大的打工者，你不但要给自己打工，你也要给所有人打工。只有你帮所有人把工打好了，然后才是人家给你打工。

什么样的将军，带什么样的兵，什么样的老板，带什么样的员工。

五、平衡养生

身体是革命的本钱，做老板的一定不要忘记了。干一个公司不容易，要面对那么多的压力，要承受不时的伤害和打击，有那么多东西要学，又要始终如一地身体力行，没有强壮的身体和健康的心灵，真的很难持续。

你除了是个老板，你还是个父亲或者母亲，还是父母的儿子或女儿，还是别人的丈夫或妻子，还是别人的兄弟或姐妹。你除了要对公司里的一群人负责，还要对身边的亲人们负责，最重要的是，你要对自己负责。

老板一定要对自己好一点，累了就休息一会儿，跟不上别人脚步，就走得慢一点；不知所往，就停下来想一想。事情是做不完的，钱也是赚不完的，做老板也不是做一辈子的。

六、顺应时势

最后再啰唆一点，做老板还要顺应时势。时势造英雄，时势也可以造狗熊。那些成功的、失败的例子，我们也看得够多了。如果我们看不到趋势和潮流，那至少不要逆趋势和潮流，撞个头破血流。

能成为老板的人，都有自己的成功之处，而往往，困住我们自己的就是这些成功的经验和记忆。毕竟时间在快速地向前滚动，在急剧地变化，有些观念和思维，该放弃的时候就放弃吧。它可能代表过去，但不代表现在，还有未来。

做过去的老板，现在的老板，还是未来的老板，你可以选择。

Part 2 做一个会分享的老板有多重要

一、做老板的要会分享经验

好多人总是说："我在公司遇到事情真不知道找谁。问同事吧，同事一个个都藏着掖着；问经理吧，经理含含糊糊不愿意教；问老板吧，老板不是说很忙，就是怀疑我能力不行，到最后问题只好憋回肚子里。"

明明很简单的一件事，明明大家都知道如何处理，明明分享下就可以避免损失，结果就这么让它发生了。这真的是员工错了吗？

其实，如果一个公司里老板都不分享，下面团队的人怎么可能心甘情愿地分享。

什么叫老板？老板都是有过人之处的，不管他是销售人员出身，还是技术人员出身，还是管理人员出身，对于很多商业上的事情都有他处理的方法和经验，这些方法和经验如果分享给你，对员工的成长是非常有益的，对公司的发展也会起到推波助澜的作用。

所以，做一个会分享经验的老板很重要，老板愿意分享，团队也就愿意分享，这叫风气。

二、做老板的要会分享金钱

除了分享经验，做老板的还要会分享金钱。

前几天一个土友和我说："我进公司三年了，老板特别小气，平常迟到扣钱，请假扣钱，工资从没按时发过，我催他的时候他这个月说资金紧张，下个月说这两天没空，总能找出各种理由。我要问得紧，他就说我怎么这样，他会少我这么点钱吗。可是我就少这点钱啊，每个月都等着这点钱生活呢。"

"每到年底结提成的时候，老板就开始各种扣，这个地方找个理由扣点，那个地方说成本高了要降点，要么就是说这个订单公司是亏本的员工要承担点，东扣西扣，万把元钱就没了。然后到发钱的时候又开始各种拖，不是忘记了，就是过两天，他被催的没办法了给我打一部分。总之就是舍不得把钱打给我。"

还有个土友说："一开始提成都说得好好的，做了半年我业绩做出来了，老板一看提成不少，就强制把提成比率降低了，到了年终还是有不少，结果又强制把提成比率降低了。我想想实在没办法，总比没有好，就接受了。"

一个老板对待金钱的态度就是对待员工的态度。如果他不愿意分享金钱，处处对钱看得很重，觉得所有的钱都是他自己的，员工又怎么可能收获金钱。就像上面这个土友说的，很多细节，在日常工作中都是可以看出来的，钱这东西最能看出人。所以，做一个会分享金钱的老板很重要。

三、做老板的要会分享快乐

有土友说："我们老板在公司里一天到晚都很严肃，绷着个脸，就跟我们天天吃他白饭，欠他钱一样。办公室里他在的时候一点欢声笑语都没有，每个人都如履薄冰，讲话走路都小心翼翼的，就怕哪里做错了惹到他。”

“一年到头感觉他都是不快乐的、紧张的，所以办公室里也要这样，看到我们开开玩笑，不行，说是工作态度不好；看到我们走来走去，不行，说我们没认真工作。可是我明明看到他和老婆、孩子在一起，和客户在一起的时候都是很开心啊，为什么偏偏就要对我们员工一直黑个脸呢?”

不会分享快乐的老板不是一个好老板。工作其实也是生活，有紧张的时候，有放松的时候，有开心的时候，有不开心的时候。任何时候、任何人都不可能永远维持一种状态。

快乐和放松真的很重要。有些老板会搞气氛，能让员工放松下来，偶尔开个玩笑、放点音乐、喝杯咖啡、聊聊天，他开你玩笑，你开他玩笑都没关系，那一刻没有什么老板和员工之分。工作的时候大家认认真真，工作之余开开心心。

所以做一个会分享快乐的老板很重要。

无论如何，做一个会分享经验、分享快乐的老板才是好老板，才更有可能赢得人心，获得成功。

Part 3 老板该不该抢员工的客户

一、老板该不该抢员工的客户

不时有土友问我，“老板抢我客户怎么办?”我说，是不是大水冲了龙王庙，搞错了啊。后来，我发现都不是，的确是老板抢客户，还有一些是经理抢客户。

今天我就来聊一聊这个问题。

老板该不该抢业务员的客户？老板为什么要抢业务员的客户？客户被抢后业务员该怎么做？老板应该怎么做?

先来看看这两个土友的遭遇吧。

土友提问1：

土司你好，不知道你作为老板有没有遇到过这样的情况。

我努力跟进的好不容易谈成维护好的客户，结果，老板和对方公司的老板认识后，对方直接跟老板下单。然后，老板也不告知我一声，所以单子也不属于我，提成也不属于我。要知道我之前的邮件都是随时随地抄送老板邮箱的。老板这样做我心里多少有些不舒服。

土友提问2：

土司，你好。老板该不该抢业务员的客户？

我们公司老板如果发现业务员一时没开发出客户来，他自己就偷偷地谈，业务员谈成的客户，他也总是要插一杠，还把价格报高，然后，他自己联系客户降低价格。

你说这样的公司值得待下去吗？

老板该不该抢业务员的客户？说句实话，真不该。为什么不该？想一想初衷，你就明白了。你花钱请人家来干嘛的？不就是为了做更多的业务，开发更多的客户，赚更多的钱吗？

何况人来了，你要在管理上投入精力，在培训上投入精力，在感情上投入精力，在风险控制上投入精力，这所有的投入你都是为了什么？赚钱啊！

既然你让人家来是一起赚更多的钱，至少比你自己一个人的时候赚更多的钱，那你抢人家客户干嘛，那不都是你公司的客户吗。人家能把客户谈下来，不正说明他有潜力、有能力，以后能谈下更多的客户，接更多订单，赚更多的钱吗。可你倒好，杀鸡取卵。你把人家客户抢走了，短期上看起来你是赚了，提成省了，还赚到了一个不错的客户，但是你有没有算过损失。

有人说："我有什么损失？"你把人家的心弄凉了，以后谁还给你赚钱啊。

做老板的都做过业务员，你也知道做业务现在有多难，开发一个好客户有多不容易，这不仅仅涉及钱的问题，还有个人价值和信心的问题。这样被你一抢，人家还有什么信心继续做业务，人家的价值哪里可以体现？为他人做嫁衣这样的事，一次就要命。

二、老板为什么抢员工客户

老板为什么要抢业务员的客户，其实，这个我也懂，他无非是怕业务员处理不好。业务员开发了一个好客户，他看看业务员的经验和处理方式，总觉得非常不放心，总觉得可能会让客户跑掉。与其可能跑掉，他不如自己接手处理。等到自己处理好了，他又觉得这个客户都是自己谈的，和业务员没太大关系，所以就索性把功劳也都记在自己名下了。这叫过河拆桥，秋后不算账。

还有一种情况是怕业务员做得太好。

业务员不出单的时候老板天天心里着急，怎么还不出单呢，投入好几个月了怎么还没效益产生呢？等到业务员接上客户了，有眉目了，他心里就开始瞎琢磨。万一这个客户业务员做下来了，以后客户只认业务员怎么办？万一哪天业务员不高兴了带着客户跑了怎么办，那他不都白投入、白培养了吗？干脆，还是自己早点接管过来妥当，晚上睡的还踏实点。什么事情最大，自己的安全感最大，这叫没安全感，多疑不信任。

三、客户被抢后业务员该怎么做

我的建议，别沉默。好多人发泄完后，心里还是一万个不舒服，问我怎么办。我的统一回复是，真诚地去和老板沟通。

你不沟通老板怎么知道你的想法，你不沟通你如何维护你的权益，难道你要一直郁闷下去，然后哪一天说你不干了，或者哪一天拉个客户就跑，最后闹得鸡飞狗跳。

大家共事一场，真的没必要最后撕破脸伤透心。对公司也好，对个人也好都是很大的伤害和损耗。

有些规则如果之前都没说清楚，就沟通沟通弄清楚，总要有个说法有个原则，总比你放在心里乱猜忌、乱难受的好。如果老板的确不想谈，那你也就明白了，能接受就留下，不能接受就走。

老板应该怎么做？该收就收，该放就放。做老板的苦，做老板的心酸，我都懂。

记得《请回答1988》里东日对女儿德善说过一段话，“爸爸我也不是一生下来就是爸爸。爸爸也是头一次当爸爸，所以，请女儿稍微体谅一下”。其实我也想说，做老板的，也都是头一次做老板，总是会犯各种错，做员工的也请稍微体谅一下。但是，这不等于说老板就不用面对自己的问题。

业务员遇到问题，老板觉得不放心，就带一段，帮助他成长，带得差不多了该放手就放手，接下来让他自己走，该还给他的就还给他。如果老板不想放手的，那就留下，但是该算给业务员的提成还是要算给他。大家都要取一个平衡。

有老板说：“我曾经受了很多伤害，真的不愿意或者没办法相信底下的业务员了，怎么办?”你要真的做不到，我的建议就是你别招人，别受这份罪，也别让别人遭罪。你既想做大，又想轻松一点，你就得学会宽容，学会管理，学会有舍有得。

业务员要成长，做老板的也要成长。

Part 4 会骂人的老板我喜欢

骂人的老板分两种，一种是会骂人的老板，一种是不会骂人的老板。有人说：“有区别吗?”有区别啊，骂人也要讲艺术的。

老板为什么骂人

（一）语言习惯不好，爱说脏话

有一种老板只是嘴巴不干净，并非真的在骂你，我大学毕业后第二份工作的老板就是这样的人。

我跟他汇报工作，他总会在说话的时候加一两句脏话，我以为他是对我的工作不满意，但最后他都认可了我的成绩。因此，我慢慢就习惯了，知道这个老板只是说话不注意，而并非真的骂人。

其实，我这个老板除了说话难听点，其他都挺好的。做事、沟通都放在台面上，坦坦荡荡，对谁都一样。下面的人做事情，他充分信任；大方面的事情他会把关，小细节的事情放手让我们干。出了错或者事情没做好，除了说几句脏话，不会干别的，对事不对人。

（二）老板急脾气，容易冲动

有一种老板天生急性子、爆脾气。我们公司有一个配套的工厂，每次我过去，下面的人都向我抱怨，他们老板发起火来可恐怖了。我说有多恐怖，她说有一次老板在车间里发火，结果隔壁厂报警了。当时我没往心里去，想不到没过几天，我就碰到一次。

我们有批配件要加工，说好交货期 30 天，结果过了期限还没做好，我很着急，和工厂老板沟通，他说再给他 10 天，一定赶出来，我答应了。第 38 天的时候，我一确认发现工厂生产部门把单子下错了，做的不是我们要的型号，这事儿问题大了。

到了厂里，我刚到他办公室，他就把销售员和生产员叫来了，当着我的面一顿臭骂，嗓门特别高，脸憋特别红的那种臭骂："你们怎么做事的！在搞什么东西！还两个人都弄错！前几天不是刚确认过吗，啊！现在怎么办？你说怎么办？还老员工了犯这样的低级错误！我们怎么向叶总交代！叶总怎么向客户交代！"

那销售员和生产员跟我都很熟，看到他们被训得那么惨，我心里还有点过意不去。

但是，训归训，厂里没一个人说他坏话。为什么？因为他只对事不对人，错就是错，对就是对。

平常的时候他说说笑笑，一点架子都没有，做事情直来直去，不拐弯抹角，该给你的也都会给你。不管是在厂里还是在外面，员工都直接叫他名字，不叫老总，偶尔还当着我们的面直接开他玩笑，他也笑呵呵的一点不介意。你只要在他发火的那天小心点就好了。

（三）老板人品不良

我经常收到土友的微信，抱怨各种老板骂人的问题，有一个做销售员的土友是这么说的。

厂里生意不好，老板要求他们天天加班，最少加班到晚上 9 点，谁不加班就开除。平常老板骂人特别难听，还会说许多侮辱人的话，而且随口就来，不分时间、地点、人物、事件。公司里每个人走路都提心吊胆的，就怕无端被骂。

还有一个土友，她老板也很奇特。如果你做错一点小事，他不是要骂你，是要羞辱你。他把办公室所有人叫到你面前，然后开始骂你。

有人问我："土司，你也会骂人吗？"

我想说，我也是人，我也有表达不当的时候，也有着急的时候，所以，我也会骂人。

比如说，我们公司新来的小姑娘来问我："老大，询盘回复要注意什么？"我回答："数量、用途、目标价格……"过了两天，小姑娘又来问："老大，询盘回复该注意什么？"我说："我记得前两天教过你了啊，数量、用途、目标价格……"过了三天，小姑娘还来问："老大，询盘回复要注意什么？"我就开骂了："不是教过了吗，怎么重复地问，教过一次就要记住，不然有什么用啊。数量！用途！目标价格……"骂过一次，后来她就不来问了。

那么问题来了，老板能不能骂人？我说能，估计很多人要谴责我，我说不能，这好像又不太可能。老板自己情绪不好、碰到难题、不耐烦的时候都会骂人。但是，我认为最重要的不是这个，最重要的是老板会不会骂人。

会骂人的老板，对事不对人。

有时候可能事情真的挺严重的，他很生气，但是只对事不对你；有时候可能他对你的期望太大，觉得你进步太慢；有时候可能他只是想提醒你，通过严厉的言语来督促你，等等。总之，会骂人的老板、懂骂人的老板一定对着事情本身，骂你的出发点一定是为你好，骂完后残局还是他收，他也不会扣你工钱、奖金之类，骂完了事情也就过去了，继续支持你、培养你。

不会骂人的老板，对人不对事。

这类老板本来就三观不正，什么都觉得是你的问题。发工资的时候忘了你的付出，做错事的时候觉得是你无能，生意不好的时候觉得是你的错，生意好的时候觉得都是自己的功劳。说白了，就是觉得你是来吃白饭的，骂你是应该的。

有人说，为什么这样的老板也会成功。

会啊，这世界上的成功有各种模式，成功的人也各种各样。每个人都有他的优点，也都有他的缺点，这和成功、失败没有必然的联系。就像很多人说的："外土司你看上去好优秀啊。"错，其实我缺点很多，你没和我一起生活，你不知道而已。

书目介绍

乐 贸 系 列

书名	作者	定价	书号	出版时间
国家出版基金项目				
1. "一带一路"国家投资并购指南	冯 斌 李洪亮 Gvantsa Dzneladze(格) Tamar Menteshashvili(格)	98.00 元	978-7-5175-0422-1	2020 年 3 月第 1 版
2. "质"造全球:消费品出口质量管控指南	SGS 通标标准技术服务有限公司	80.00 元	978-7-5175-0289-0	2018 年 9 月第 1 版
跟着老外学外贸系列				
1. 优势成交:老外这样做销售(第二版)	Abdelhak Benkerroum(阿道)	58.00 元	978-7-5175-0370-5	2019 年 10 月第 2 版
外贸 SOHO 系列				
1. 外贸创业 1.0——SOHO 轻资产创业	毅 冰	59.00 元	978-7-5175-0490-0	2021 年 1 月第 1 版
2. 外贸 SOHO,你会做吗?	黄见华	30.00 元	978-7-5175-0141-1	2016 年 7 月第 1 版
跨境电商系列				
1. 直面危机:跨境电商创业	朱秋城(Mr. Harris)	59.00 元	978-7-5175-0478-8	2021 年 2 月第 1 版
2. 跨境电商全产业链时代:政策红利下迎机遇期	曹 磊 张周平	55.00 元	978-7-5175-0349-1	2019 年 5 月第 1 版
3. 外贸社交媒体营销新思维:向无效社交说 No	May(石少华)	55.00 元	978-7-5175-0270-8	2018 年 6 月第 1 版
4. 跨境电商多平台运营,你会做吗?	董振国 贾 卓	48.00 元	978-7-5175-0255-5	2018 年 1 月第 1 版
5. 跨境电商 3.0 时代——把握外贸转型时代风口	朱秋城(Mr. Harris)	55.00 元	978-7-5175-0140-4	2016 年 9 月第 1 版
6. 118 问玩转速卖通——跨境电商海外淘金全攻略	红 鱼	38.00 元	978-7-5175-0095-7	2016 年 1 月第 1 版
外贸职场高手系列				
1. 外贸会计上班记(第二版)	谭 天	55.00 元	978-7-5175-0439-9	2020 年 7 月第 2 版
2. 开发:在外贸客户发掘中出奇制胜	蔡译民(Chris)	55.00 元	978-7-5175-0425-2	2020 年 6 月第 1 版
3. MR. HUA 创业手记(纪念版)——从 0 到 1 的"老华"创业思维	华 超	69.00 元	978-7-5175-0430-6	2020 年 6 月第 1 版
4. 新人走进外贸圈 职业角色怎么选	黄 涛	45.00 元	978-7-5175-0387-3	2020 年 1 月第 1 版
5. Ben 教你做采购:金牌外贸业务员也要学	朱子赋(Ben)	58.00 元	978-7-5175-0386-6	2020 年 1 月第 1 版
6. 思维对了,订单就来:颠覆外贸底层逻辑	老 A	58.00 元	978-7-5175-0381-1	2020 年 1 月第 1 版

书名	作者	定价	书号	出版时间
7. 从零开始学外贸	外贸人维尼	58.00 元	978-7-5175-0382-8	2019 年 10 月第 1 版
8. 小资本做大品牌：外贸企业品牌运营	黄仁华	58.00 元	978-7-5175-0372-9	2019 年 10 月第 1 版
9. 金牌外贸企业给新员工的内训课	Lily 主编	55.00 元	978-7-5175-0337-8	2019 年 3 月第 1 版
10. 逆境生存：JAC 写给外贸企业的转型战略	JAC	55.00 元	978-7-5175-0315-6	2018 年 11 月第 1 版
11. 外贸大牛的营与销	丹　牛	48.00 元	978-7-5175-0304-0	2018 年 10 月第 1 版
12. 向外土司学外贸 1：业务可以这样做	外土司	55.00 元	978-7-5175-0248-7	2018 年 2 月第 1 版
13. 向外土司学外贸 2：营销可以这样做	外土司	55.00 元	978-7-5175-0247-0	2018 年 2 月第 1 版
14. 阴阳鱼给外贸新人的必修课	阴阳鱼	45.00 元	978-7-5175-0230-2	2017 年 11 月第 1 版
15. JAC 写给外贸公司老板的企管书	JAC	45.00 元	978-7-5175-0225-8	2017 年 10 月第 1 版
16. 外贸大牛的术与道	丹　牛	38.00 元	978-7-5175-0163-3	2016 年 10 月第 1 版
17. JAC 外贸谈判手记——JAC 和他的外贸故事	JAC	45.00 元	978-7-5175-0136-7	2016 年 8 月第 1 版
18. Mr. Hua 创业手记——从 0 到 1 的“华式”创业思维	华　超	45.00 元	978-7-5175-0089-6	2015 年 10 月第 1 版
19. JAC 外贸工具书——JAC 和他的外贸故事	JAC	45.00 元	978-7-5175-0053-7	2015 年 7 月第 1 版
20. 外贸菜鸟成长记(0 ~ 3 岁)	何嘉美	35.00 元	978-7-5175-0070-4	2015 年 6 月第 1 版

外贸操作实务子系列

书名	作者	定价	书号	出版时间
1. 外贸高手客户成交技巧 3：差异生存法则	毅　冰	69.00 元	978-7-5175-0378-1	2019 年 9 月第 1 版
2. 外贸高手客户成交技巧 2——揭秘买手思维	毅　冰	55.00 元	978-7-5175-0232-6	2018 年 1 月第 1 版
3. 外贸业务经理人手册(第三版)	陈文培	48.00 元	978-7-5175-0200-5	2017 年 6 月第 3 版
4. 外贸全流程攻略——进出口经理跟单手记(第二版)	温伟雄（马克老温）	38.00 元	978-7-5175-0197-8	2017 年 4 月第 2 版
5. 金牌外贸业务员找客户（第三版）——跨境电商时代开发客户的 9 种方法	张劲松	40.00 元	978-7-5175-0098-8	2016 年 1 月第 3 版
6. 实用外贸技巧助你轻松拿订单(第二版)	王陶(波锅涅)	30.00 元	978-7-5175-0072-8	2015 年 7 月第 2 版
7. 出口营销实战(第三版)	黄泰山	45.00 元	978-7-80165-932-3	2013 年 1 月第 3 版
8. 外贸实务疑难解惑 220 例	张浩清	38.00 元	978-7-80165-853-1	2012 年 1 月第 1 版
9. 外贸高手客户成交技巧	毅　冰	35.00 元	978-7-80165-841-8	2012 年 1 月第 1 版
10. 报检七日通	徐荣才　朱瑾瑜	22.00 元	978-7-80165-715-2	2010 年 8 月第 1 版
11. 外贸实用工具手册	本书编委会	32.00 元	978-7-80165-558-5	2009 年 1 月第 1 版
12. 快乐外贸七讲	朱芷萱	22.00 元	978-7-80165-373-4	2009 年 1 月第 1 版
13. 外贸七日通(最新修订版)	黄海涛（深海鱿鱼）	22.00 元	978-7-80165-397-0	2008 年 8 月第 3 版

出口风险管理子系列

书名	作者	定价	书号	出版时间
1. 轻松应对出口法律风险	韩宝庆	39.80 元	978-7-80165-822-7	2011 年 9 月第 1 版

书名	作者	定价	书号	出版时间
2. 出口风险管理实务（第二版）	冯　斌	48.00 元	978-7-80165-725-1	2010 年 4 月第 2 版
3. 50 种出口风险防范	王新华　陈丹凤	35.00 元	978-7-80165-647-6	2009 年 8 月第 1 版

外贸单证操作子系列

1. 跟单信用证一本通（第二版）	何　源	48.00 元	978-7-5175-0249-4	2018 年 9 月第 2 版
2. 外贸单证经理的成长日记（第二版）	曹顺祥	40.00 元	978-7-5175-0130-5	2016 年 6 月第 2 版
3. 信用证审单有问有答 280 例	李一平　徐珺	37.00 元	978-7-80165-761-9	2010 年 8 月第 1 版
4. 外贸单证解惑 280 例	龚玉和　齐朝阳	38.00 元	978-7-80165-638-4	2009 年 7 月第 1 版
5. 信用证 6 小时教程	黄海涛（深海鱿鱼）	25.00 元	978-7-80165-624-7	2009 年 4 月第 2 版
6. 跟单高手教你做跟单	汪　德	32.00 元	978-7-80165-623-0	2009 年 4 月第 1 版

福步外贸高手子系列

1. 外贸技巧与邮件实战（第二版）	刘　云	38.00 元	978-7-5175-0221-0	2017 年 8 月第 2 版
2. 外贸电邮营销实战——小小开发信　订单滚滚来（第二版）	薄如骢	45.00 元	978-7-5175-0126-8	2016 年 5 月第 2 版
3. 巧用外贸邮件拿订单	刘　裕	45.00 元	978-7-80165-966-8	2013 年 8 月第 1 版

国际物流操作子系列

1. 货代高手教你做货代——优秀货代笔记（第二版）	何银星	33.00 元	978-7-5175-0003-2	2014 年 2 月第 2 版
2. 国际物流操作风险防范——技巧 · 案例分析	孙家庆	32.00 元	978-7-80165-577-6	2009 年 4 月第 1 版

通关实务子系列

1. 外贸企业轻松应对海关估价	熊　斌　赖　芸　王卫宁	35.00 元	978-7-80165-895-1	2012 年 9 月第 1 版
2. 报关实务一本通（第二版）	苏州工业园区海关	35.00 元	978-7-80165-889-0	2012 年 8 月第 2 版
3. 如何通过原产地证尽享关税优惠	南京出入境检验检疫局	50.00 元	978-7-80165-614-8	2009 年 4 月第 3 版

彻底搞懂子系列

1. 彻底搞懂信用证（第三版）	王腾　曹红波	55.00 元	978-7-5175-0264-7	2018 年 5 月第 3 版
2. 彻底搞懂关税（第二版）	孙金彦	43.00 元	978-7-5175-0172-5	2017 年 1 月第 2 版
3. 彻底搞懂提单（第二版）	张敏　张鹏飞	38.00 元	978-7-5175-0164-0	2016 年 12 月第 2 版
4. 彻底搞懂中国自由贸易区优惠	刘德标　祖月	34.00 元	978-7-80165-762-6	2010 年 8 月第 1 版
5. 彻底搞懂贸易术语	陈　岩	33.00 元	978-7-80165-719-0	2010 年 2 月第 1 版
6. 彻底搞懂海运航线	唐丽敏	25.00 元	978-7-80165-644-5	2009 年 7 月第 1 版

外贸英语实战子系列

1. 十天搞定外贸函电（白金版）	毅　冰	69.00 元	978-7-5175-0347-7	2019 年 4 月第 2 版
2. 让外贸邮件说话——读懂客户心理的分析术	蔡泽民（Chris）	38.00 元	978-7-5175-0167-1	2016 年 12 月第 1 版

书名	作者	定价	书号	出版时间
3. 外贸高手的口语秘籍	李　凤	35.00 元	978-7-80165-838-8	2012 年 2 月第 1 版
4. 外贸英语函电实战	梁金水	25.00 元	978-7-80165-705-3	2010 年 1 月第 1 版
5. 外贸英语口语一本通	刘新法	29.00 元	978-7-80165-537-0	2008 年 8 月第 1 版

外贸谈判子系列

1. 外贸英语谈判实战（第二版）	王　慧　仲　颖	38.00 元	978-7-5175-0111-4	2016 年 3 月第 2 版
2. 外贸谈判策略与技巧	赵立民	26.00 元	978-7-80165-645-2	2009 年 7 月第 1 版

国际商务往来子系列

国际商务礼仪大讲堂	李嘉珊	26.00 元	978-7-80165-640-7	2009 年 12 月第 1 版

贸易展会子系列

外贸参展全攻略——如何有效参加 **B2B** 贸易商展（第三版）	钟景松	38.00 元	978-7-5175-0076-6	2015 年 8 月第 3 版

区域市场开发子系列

中东市场开发实战	刘　军　沈一强	28.00 元	978-7-80165-650-6	2009 年 9 月第 1 版

加工贸易操作子系列

1. 加工贸易实务操作与技巧	熊　斌	35.00 元	978-7-80165-809-8	2011 年 4 月第 1 版
2. 加工贸易达人速成——操作案例与技巧	陈秋霞	28.00 元	978-7-80165-891-3	2012 年 7 月第 1 版

乐税子系列

1. 外贸企业免退税实务——经验·技巧分享（第二版）	徐玉树 罗玉芳	55.00 元	978-7-5175-0428-3	2020 年 5 月第 2 版
2. 外贸会计账务处理实务——经验·技巧分享	徐玉树	38.00 元	978-7-80165-958-3	2013 年 8 月第 1 版
3. 生产企业免抵退税实务——经验·技巧分享（第二版）	徐玉树	42.00 元	978-7-80165-936-1	2013 年 2 月第 2 版
4. 外贸企业出口退（免）税常见错误解析 **100** 例	周朝勇	49.80 元	978-7-80165-933-0	2013 年 2 月第 1 版
5. 生产企业出口退（免）税常见错误解析 **115** 例	周朝勇	49.80 元	978-7-80165-901-9	2013 年 1 月第 1 版
6. 外汇核销指南	陈文培等	22.00 元	978-7-80165-824-1	2011 年 8 月第 1 版
7. 外贸企业出口退税操作手册	中国出口退税咨询网	42.00 元	978-7-80165-818-0	2011 年 5 月第 1 版
8. 生产企业免抵退税从入门到精通	中国出口退税咨询网	98.00 元	978-7-80165-695-7	2010 年 1 月第 1 版
9. 出口涉税会计实务精要（《外贸会计实务精要》第二版）	龙博客工作室	32.00 元	978-7-80165-660-5	2009 年 9 月第 2 版

书名	作者	定价	书号	出版时间
专业报告子系列				
1. 国际工程风险管理	张 燎	1980.00元	978-7-80165-708-4	2010年1月第1版
2. 涉外型企业海关事务风险管理报告	《涉外型企业海关事务风险管理报告》研究小组	1980.00元	978-7-80165-666-7	2009年10月第1版
外贸企业管理子系列				
1. 外贸经理人的MBA	毅 冰	55.00元	978-7-5175-0305-7	2018年10月第1版
2. 小企业做大外贸的制胜法则——职业外贸经理人带队伍手记	胡伟锋	35.00元	978-7-5175-0071-1	2015年7月第1版
3. 小企业做大外贸的四项修炼	胡伟锋	26.00元	978-7-80165-673-5	2010年1月第1版
国际贸易金融子系列				
1. 国际结算单证热点疑义相与析	天九湾贸易金融研究汇	55.00元	978-7-5175-0292-0	2018年9月第1版
2. 国际结算与贸易融资实务（第二版）	李华根	55.00元	978-7-5175-0252-4	2018年3月第1版
3. 信用证风险防范与纠纷处理技巧	李道金	45.00元	978-7-5175-0079-7	2015年10月第1版
4. 国际贸易金融服务全程通（第二版）	郭党怀 张丽君 张贝	43.00元	978-7-80165-864-7	2012年1月第2版
5. 国际结算与贸易融资实务	李华根	42.00元	978-7-80165-847-0	2011年12月第1版
毅冰谈外贸子系列				
毅冰私房英语书——七天秀出外贸口语	毅 冰	35.00元	978-7-80165-965-1	2013年9月第1版

“创新型”跨境电商实训教材

书名	作者	定价	书号	出版时间
跨境电子商务概论与实践	冯晓宁	48.00元	978-7-5175-0313-2	2019年1月第1版

“实用型”报关与国际货运专业教材

书名	作者	定价	书号	出版时间
1. 国际货运代理操作实务（第二版）	杨鹏强	48.00元	978-7-5175-0364-4	2019年8月第2版
2. 集装箱班轮运输与管理实务	林益松	48.00元	978-7-5175-0339-2	2019年3月第1版
3. 航空货运代理实务(第二版)	杨鹏强	55.00元	978-7-5175-0336-1	2019年1月第2版
4. 进出口商品归类实务（第三版）	林 青	48.00元	978-7-5175-0251-7	2018年3月第3版
5. e时代报关实务	王 云	40.00元	978-7-5175-0142-8	2016年6月第1版
6. 供应链管理实务	张远昌	48.00元	978-7-5175-0051-3	2015年4月第1版

书名	作者	定价	书号	出版时间
7. 电子口岸实务(第二版)	林　青	35.00 元	978-7-5175-0027-8	2014 年 6 月第 2 版
8. 报检实务(第二版)	孔德民	38.00 元	978-7-80165-999-6	2014 年 3 月第 2 版
9. 现代关税实务(第二版)	李　齐	35.00 元	978-7-80165-862-3	2012 年 1 月第 2 版
10. 国际贸易单证实务(第二版)	丁行政	45.00 元	978-7-80165-855-5	2012 年 1 月第 2 版
11. 报关实务(第三版)	杨鹏强	45.00 元	978-7-80165-825-8	2011 年 9 月第 3 版
12. 海关概论(第二版)	王意家	36.00 元	978-7-80165-805-0	2011 年 4 月第 2 版

“精讲型”国际贸易核心课程教材

1. 国际贸易实务精讲(第七版)	田运银	49.50 元	978-7-5175-0260-9	2018 年 4 月第 7 版
2. 国际货运代理实务精讲(第二版)	杨占林　汤　兴　官敏发	48.00 元	978-7-5175-0147-3	2016 年 8 月第 2 版
3. 海关法教程(第三版)	刘达芳	45.00 元	978-7-5175-0113-8	2016 年 4 月第 3 版
4. 国际电子商务实务精讲(第二版)	冯晓宁	45.00 元	978-7-5175-0092-6	2016 年 3 月第 2 版
5. 国际贸易单证精讲(第四版)	田运银	45.00 元	978-7-5175-0058-2	2015 年 6 月第 4 版
6. 国际贸易操作实训精讲(第二版)	田运银　胡少甫　史　理　朱东红	48.00 元	978-7-5175-0052-0	2015 年 2 月第 2 版
7. 进出口商品归类实务精讲	倪淑如　倪　波　田运银	48.00 元	978-7-5175-0016-2	2014 年 7 月第 1 版
8. 外贸单证实训精讲	龚玉和　齐朝阳	42.00 元	978-7-80165-937-8	2013 年 4 月第 1 版
9. 外贸英语函电实务精讲	傅龙海	42.00 元	978-7-80165-935-4	2013 年 2 月第 1 版
10. 国际结算实务精讲	庄乐梅　李　菁	49.80 元	978-7-80165-929-3	2013 年 1 月第 1 版
11. 报关实务精讲	孔德民	48.00 元	978-7-80165-886-9	2012 年 6 月第 1 版
12. 国际商务谈判实务精讲	王　慧　唐力忻	26.00 元	978-7-80165-826-5	2011 年 9 月第 1 版
13. 国际会展实务精讲	王重和	38.00 元	978-7-80165-807-4	2011 年 5 月第 1 版
14. 国际贸易实务疑难解答	田运银	20.00 元	978-7-80165-718-3	2010 年 9 月第 1 版

“实用型”国际贸易课程教材

1. 进出口商品归类教程	李锐文　林坚弟	60.00 元	978-7-5175-0518-1	2021 年 9 月第 1 版
2. 外贸跟单实务(第二版)	罗　艳	48.00 元	978-7-5175-0338-5	2019 年 1 月第 2 版
3. 海关报关实务	倪淑如　倪　波	48.00 元	978-7-5175-0150-3	2016 年 9 月第 1 版
4. 国际金融实务	李　齐　唐晓林	48.00 元	978-7-5175-0134-3	2016 年 6 月第 1 版
5. 国际贸易实务	丁行政　罗　艳	48.00 元	978-7-80165-962-0	2013 年 8 月第 1 版

中小企业财会实务操作系列丛书

1. 做顶尖成本会计应知应会 150 问(第二版)	张　胜	48.00 元	978-7-5175-0275-3	2018 年 6 月第 2 版
2. 小企业会计疑难解惑 300 例	刘　华　刘方周	39.80 元	978-7-80165-845-6	2012 年 1 月第 1 版
3. 会计实务操作一本通	吴虹雁	35.00 元	978-7-80165-751-0	2010 年 8 月第 1 版